Tenemos que hablar

Cuaderno de notas para comunicar
en la Era de la Conciencia

Érica Cerdeña

Tenemos que hablar
Cuaderno de notas para comunicar en la Era de la Conciencia
Érica Cerdeña

Diseño de la cubierta: Equipo de diseño de Universo de Letras
Imagen de cubierta: ©Shutterstock.com

Obra publicada por el sello Universo de Letras
www.universodeletras.com

Primera edición: 2024

ISBN: 9788410004122
ISBN eBook: 9788410005969

«Lee despacio, piensa despacio, escribe despacio, habla despacio».

Antes de empezar

El libro que tienes entre tus manos es el resultado de una idea materializada que no pretende sentar cátedra ni dar lecciones. Tampoco está escrito por una reputada periodista o comunicadora. Ni tan siquiera como experta en redes sociales, tecnología, *marketing* o publicidad, creación de contenidos, ni nada que se le antoje a quien lo lea relacionadas con una «profesional» de algo. La rueda se inventó hace tiempo y este no es un burdo intento de patentar algo que ya se ha dicho y que ya se sabe. Está escrito por una persona cuyas inquietudes versan sobre las palabras y el modo en que al emplearlas moldean la realidad a través de nuestros pensamientos, de la escucha, y la comunicación asertiva y consciente.

Es un libro escrito en primera persona con el objetivo de aprender, y de organizar de alguna manera un sinfín de vocablos e ideas que dejan a la autora noche tras noche sin dormir, pensando que «algo tenemos que hacer».

Es por ello por lo que la invitación a las críticas, apreciaciones, puntualización, corrección, modificación o inclusión de nuevas palabras, hipótesis o ideas está servida desde el inicio de la lectura hasta el final. Todas ellas son valiosas aportaciones que serán tenidas en cuenta al detalle.

Lo que sí puede dejarse claro de antemano es algo así como una advertencia amistosa: es un libro dirigido a cualquier persona interesada en mejorar su confianza a la hora de comunicarse. Reitero: *cualquier persona*. En ocasiones, no parecerá que sea así, pero de eso se trata todo esto. De hacerte pensar, de expandir tu mente. Más adelante entenderás el porqué.

Ella estudió Periodismo, pero no es solo periodista o comunicadora. Creó el pódcast *Lo que nadie me dijo* para compartir todo lo que le habría gustado saber antes, pero que aprendió por su cuenta gracias a las experiencias de la vida. Ella es un alma inquieta que escribe poemas y compone música en sus ratos libres, guitarra en mano y voz en alto. Se pasea por la naturaleza y la disfruta como la chiquilla que fue, criada en el campo. Lo mismo un día te ayuda en la cosecha, que se enfunda en un traje de lentejuelas para presentar una gala. Apenas ha tenido ocasión de viajar por el mundo, pero lo ha recorrido a través de numerosos libros, manuscritos, y ensayos que devora con pasión. Es instructora y aprendiz de yoga, y de la vida. Es hija, hermana, amiga, amante, espiritual, consciente, salvaje, y libre. Ella soy yo, y en este libro te entrego mi voz para que recuerdes el poder de la tuya. Solo una cosa, si has leído hasta aquí, tenemos que hablar.

Introducción

Mientras trabajaba en una emisora de radio local, alumnado de distintos centros educativos solía venir cada cierto tiempo como iniciativa docente para que conociera de cerca cómo funciona este medio de comunicación. Muchos centros educativos contaban con su propia emisora, así que al profesorado le parecía una buena idea que tuvieran un contacto más cercano con esta y otras salidas profesionales.

Un día llegó un grupo de estudiantes de la ESO de no más de veinte chicas y chicos, entre los trece y quince años. No me preguntes por qué, pero a mí aquellas visitas me daban la vida, e imprimía en ellos mi vocación de docente, enseñándoles, explicándoles, y haciéndoles preguntas para que interactuaran. Tras la reunión previa con el director de la emisora y algunas palabras que le dirigimos mi compañero periodista y yo, se me ocurrió preguntarles si alguien entre los presentes quería ser algún día periodista, aunque no fuera de radio. Ninguno se pronunció. Insistí al conocer que sí trasteaban en su instituto con su propia emisora de radio, y les abrí el campo a la redacción periodística, la comunicación en televisión o incluso a través de redes sociales, pero el mutismo continuó.

Entonces un muchacho levantó la mano, creo que para echarme un cable y que no me sintiera tan ignorada, y me dijo: «Yo periodista no quiero ser, pero político sí, por eso quería venir». Me asombró la contundencia con la que lo dijo, lo tenía claro. Y entonces pregunté al grupo si alguien más quería dedicarse a la política. Cerca de unos diez alumnos levantaron la mano, y no podía salir de mi asombro. «¿Cómo? ¿Nos hemos vuelto locos, o qué?», pensé.

Cero periodistas, por unos diez políticos. Me quedé sin habla unos segundos, paralizada y atemorizada. Eso no me lo esperaba. Que la juventud crea en la política como una «salida laboral» no me entraba en la cabeza, y sigue sin entrarme a día de hoy. A mí me enseñaron que la persona que se dedica a la política es aquella que ya tiene un cierto nivel de formación, un bagaje profesional consolidado, y una vocación por el servicio público. Siempre he creído que las personas que reúnen estos requisitos, y son excelentes gestores políticos, coinciden en algo primordial: no muestran interés por ser líderes o encabezar ninguna lista electoral. Son esas personas precisamente quienes deben liderar, debido a su desapego hacia el poder. O me lo enseñaron mal en la Facultad de Ciencias de la Información o algo falla terriblemente en esas jóvenes cabecitas. Creo que es lo segundo, y voy a justificar mi respuesta. Esa juventud tiene pensado hacer carrera en la política, y no hacer una carrera para después dedicar cierto período de tiempo a ella. Seguro que conoces muchos casos en los que alguien se afilió a un partido político X durante su juventud, y jamás ha ejercido de lo que estudió, si es que estudió algo.

Soy del 91, por lo que pertenezco a la generación Y (más conocida como *millennials*), criada por la generación de los *baby boomers*, que creía que una carrera universitaria y un máster garantizaba la entrada segura y estable al mercado laboral del futuro. Ellos venían de una especie de meseta ilusoria con el *boom* de la construcción. Lograron salir en apariencia de sus carencias económicas y familiares del pasado, accediendo a hipotecas en las que se incluía la casa, el barco, y el coche. Por lo que decía la letra grande, el chollo perfecto, pero olvidaron leer la letra pequeña. No tenían tanto nivel de estudios como mi generación, pero sí tenían más dinero. ¿Qué decidieron? Enviarnos a la universidad como garantía de éxito a futuro, ya que de su propia generación habían sobrevivido al sobreendeudamiento y las malas decisiones aquellos pocos que sí tenían formación. Pero se equivocaron. Todos pensaron lo mismo, y aquí nos tienen. Toda una generación hiperformada, homogénea, en la que nos seguimos dando codazos por conseguir alguna migaja de pan en la jungla laboral.

Mi esperanza cada día iba decayendo, al ver la falta de oportunidades para mis compañeros y colegas, y para mí misma. Hasta que Internet evolucionó lo suficiente como para permitirnos acceder a una serie de recursos inimaginables en nuestro propio pasado reciente. Aquello pilló en paños menores a catedráticos y profesores reconocidos hasta entonces, que impartían sus clases con normas del pasado, que ya no servían para lo que nosotros encontramos tras abandonar las aulas. El escenario cambiaba por momentos. El tiempo mesetario había llegado a su fin.

A muchas personas de mi generación aquello no nos importó, y las más valientes comenzaron a aprender por sí mismas nuevas habilidades en el entorno digital, en las redes sociales, en blogs, y webs, bajo el descrédito de sus propias familias, entorno, e incluso muchos compañeros. Tanto tiempo y dinero tirados a la basura «para que ahora la niña quiera ser *youtuber*». No entendieron nada, y es normal. Todo era muy nuevo, sin ingresos reales, pero a la vista está que aquellos primeros atrevidos supieron ver algo que el resto no. Y ahí están, generando ingresos pasivos sin esperar la limosna de un trabajo a tiempo parcial, o mal remunerado. Son pocos, lo sé, pero los hay. Debo reconocer que me devolvieron la esperanza. «A lo mejor esto de Internet y las redes sociales no es tan malo. A lo mejor la nueva democracia es esto. Ahora puedo acceder a libros y publicaciones que antes jamás habrían llegado a mis manos ni a mis oídos. Incluso parece que algunas personas están localizando nichos de negocio, inventando nuevas profesiones como la de *youtuber*, *influencer*, o creador de contenidos». Ilusa de mí.

La generación que nos crio se equivocó, y solo puedo ver cómo la historia se repite. A menos que hagamos algo, nos estamos equivocando también. Cuando la juventud cree que se puede hacer carrera en la política, o que vale todo en la creación de contenidos, o como *influencer*, algo estamos haciendo mal.

No me malinterpretes. Estoy muy a favor de cierto tipo de influencias y creación de contenido que, además de ser sólidas, aportan algo bueno al mundo. Así de simple, «algo bueno». Pero hay una auténtica bestia proyectándose en este mundillo a través de la juventud en especial, que solo ha conseguido trasladar el modelo consumista *offline*, al *online*, y con menos cortapisas que antes. ¿Y sabes quién es responsable de eso? No, no son los *influencer*s, somos nosotras, todas las personas que consumimos sin pensar dos veces, que no nos paramos a discernir lo que está pasando, que nos desentendemos de las redes sociales porque la resistencia al cambio parece que va en nuestro ADN. Porque nos comportamos como borreguitos, dejando hacer y elegir a otras personas por nosotros, porque es lo cómodo, es la inercia, lo fácil.

Una aclaración importante: jamás se me ocurriría cuestionar el trabajo de creación de contenidos, *influencer, youtuber, blogger,* etc. Porque lo he probado en mis carnes. Estar al tanto de las tendencias con la velocidad que requiere la evolución tecnológica, desarrollar la capacidad creativa, reinventarse, insistir durante horas para obtener una foto o vídeo de pocos segundos, invertir energía y esfuerzos «invisibles», la factura mental de las críticas y agresiones mediante comentarios, el rechazo si eres bueno, el rechazo si eres malo... No, dedicarse a una de estas profesiones emergentes no es moco de pavo, créeme. Llevan tanto esfuerzo detrás como cualquier otro trabajo, y a eso añádele la exposición pública. ¿Por elección? Sí y no. Si quieres pertenecer a este mundillo es condición indispensable exponerte. Eso, o te vas a la cola del paro o a darte codazos con otros miles con la misma carrera y el mismo máster que tú. Crear contenidos para redes sociales o Internet no es para cualquiera.

Lo que sí me atormenta es la falta de interés y de criterio que cabalga por la pradera digital. Lo que me remueve las tripas es la condenada carencia de ética y moral imperante. Lo que me revienta el seso es el odio de personas intolerantes, o bien al cambio que estas personas tratan de hacer mediante su esfuerzo, o al éxito que puedan llegar a tener, o incluso la burla ante quienes aparentemente *fracasan.*

El fracaso no está en mi diccionario, lo siento. Alguien que intenta mejorar su situación, alguien que se atreve con algo nuevo, distinto, o vanguardista, merece mi admiración y máximo respeto. Un respeto que se ha perdido entre tanta confusión.

Entre los que saben más y los que saben menos del uso tecnológico. Entre los que tienen plataformas con miles de seguidores y las utilizan para vender, y los que además de ganarse la vida tratan de ayudar a los demás. Entre los que valoran la calidad y los que ignoran la necesaria coherencia narrativa, y el uso del lenguaje. Parece que vale todo, y así es, y seguirá siendo, mientras no nos instruyamos en lo que es ahora, y en lo que viene.

Ya no sirve la excusa de «es que nadie me enseñó nada sobre las redes sociales», o esconderse tras una cuenta anónima para vomitar odio aquí y allá pensando que no habrá consecuencias. Nos guste o no ya hemos superado la era de la Información, y estamos inmersos en una nueva etapa vital como sociedad: la Era de la Conciencia.

¿Y qué es eso de la Era de la Conciencia? Para explicarlo será mejor arremangarse y distinguir de una vez entre dos conceptos que se han viralizado en los últimos tiempos y cuyo uso indiscriminado está pateando de forma constante el diccionario, y lo que entendemos en realidad respecto a la diferencia entre «conciencia» y «consciencia», ambos términos muy presentes en estas páginas. Según la Real Academia Española (RAE), «conciencia» se refiere al «conocimiento del bien y del mal que permite a la persona enjuiciar moralmente la realidad y los actos, especialmente los propios», entre otras acepciones[1]. En el caso de la «consciencia» la RAE nos dice que se trata del «conocimiento inmediato o espontáneo que el sujeto tiene de sí mismo, de sus actos y reflexiones»[2]. No son lo mismo. Podemos ser

---

[1] Otra acepción para «conciencia» según la RAE es el «sentido moral o ético propio de una persona». Fuente: https://dle.rae.es/conciencia

[2] «Consciente» puede ser también según la RAE la «Capacidad de algunos seres vivos de reconocer la realidad circundante y de relacionarse con ella». Fuente: https://dle.rae.es/consciencia

«conscientes» a la hora de elegir, pero al mismo tiempo carecer de una «conciencia» o discernimiento para tomar una determinación sobre algo. Para hacerlo más fácil te pongo este ejemplo: yo puedo tomar de forma consciente la decisión de insultarte y hacerte daño sabiendo las posibles consecuencias que eso tendrá, pero carezco de una conciencia que me permita actuar de una mejor forma, de una manera más justa, para contigo y conmigo.

Estamos inmersos en un escenario incierto a nivel global, con la presencia cada vez más acuciada de los efectos del cambio climático, los conflictos bélicos, la inflación, movimientos migratorios, auge de movimientos sociales y políticos (muchos de ellos radicales), trabajos mal remunerados o poco valorados, falta de oportunidades en todos los aspectos, odio... Es algo que nos preocupa y ante lo que sentimos la necesidad de hacer algo, es decir, hemos entrado en una nueva fase donde las maravillas de la Era de la Información han dado paso a una Era de la Conciencia. Estamos desarrollando una conciencia global, y sin embargo se nos dificulta la tarea de tomar decisiones conscientes acordes a las necesidades que plantea la coyuntura actual.

Estamos en un momento crucial en el que los reticentes a la tecnología no tienen hueco, pero los desalmados tampoco. Si me intentas vender lo tuyo, por el simple placer de hacer dinero para ti, ya no te compro. Ya no consumo como antes, ni yo ni nadie. Necesito algo más. Porque me siento vacía, ¿sabes? Tengo muchas cosas y ninguna de valor, y te culpo a ti, creador de contenido o *influencer*, porque culparme a mí por mi falta de atención a lo que está pasando sería ir contra natura.

Entiéndase mi sarcasmo. Ser víctimas no nos sacará del atolladero en el que estamos metidos. Ni a mí, ni a ti, ni a la gente que ha encontrado un nicho de negocio y una profesión creada por sí misma para poder sobrevivir al escenario de penumbra al que nos ha llevado el consumismo desmedido. Ya no podemos pagar una casa, ni tener una familia, casi no podemos pagar ni estudios universitarios, y ¿para qué nos servirían, en todo caso? Te lo digo yo: para nada. Para nada en absoluto si no tenemos alma. Los viejos paradigmas han dado paso a nuevas corrientes de pensamiento que tratan con desesperación de encontrarle sentido a este mundo caótico y confuso, de comprar lo necesario para vivir, de extirpar las exigencias de una vida sin tiempo, sin conciliación, anclada a una mesa de oficina, y a una mentalidad prehistórica.

Por muchas razones, personas como tú y como yo estamos buscando ese «algo más». No renegamos del mundo en el que vivimos, pero sí de la manera en la que lo estamos haciendo: obligados, miedosos, paralizados, encadenados. Buscamos la libertad a toda costa, y la ganancia económica ha dejado paso a la ganancia de tiempo. Hemos comprendido que el segundo es el verdadero y más valioso recurso de que dispone el ser humano. El tiempo, el que no vuelve, el que estamos desperdiciando, mal invirtiendo.

Deja que me atreva a darte un consejo que no me has pedido. *Stop.* Para ya de señalar a los creadores de contenido, al sistema, al Estado, al consumismo, a la educación que recibiste... Deja de señalar fuera, cuando deberías prestar atención a lo que te está pasando por dentro.

Ni tú ni yo podemos parar la maquinaria tecnológica, y solo intentar pensar en controlar el devenir de algo tan gigantesco como la inteligencia artificial (IA), me hace perder la noción del tiempo y el espacio. No recuerdo ni mi nombre. A no ser que seas una de las personas que trabaja en el desarrollo de la IA, ni lo intentes. Es un suicidio.

No se trata de control, o por lo menos de un control externo de las circunstancias. Se trata de un refinamiento interno de las habilidades que, como seres humanos, ni la más poderosa IA podrá equiparar jamás. No voy a detenerme a pensar en lo que supondrá en un futuro, ni las cosas que será capaz de hacer por y contra nosotros. Eso es algo que dejo en manos de las mentes expertas en la materia.

Lo que a mí me interesa, mi misión, es recordarle a esa juventud que quiere hacer carrera en la política que disponen de un recurso mucho más valioso para garantizar su futuro incierto. Mi misión autoimpuesta es poner un poquito de mi propia luz a tanta confusión, porque yo también me pierdo en el caos de la incertidumbre, como cualquiera. Hasta que me di cuenta de que, por mucho que una IA evolucione, jamás tendrá algo con lo que sí contamos nosotros: corazón.

Ese es nuestro superpoder, y nuestra salvación. Y tiene su propio lenguaje, su forma de expresarse. En realidad lo ha tenido desde el inicio de los tiempos, cuando nos comunicábamos con los sistemas más rudimentarios. Pero nos entendíamos. Porque el corazón habla con un lenguaje que escapa a los tecnicismos, las fórmulas A-B-C-D, los parentescos, las religiones, el estatus social o educativo, o cualquier cosa que se te ocurra.

Solo quienes han tenido el valor de exponer ante el mundo lo que habita en su corazón, y lo han hecho con sabiduría, perduran en nuestro saber y hacer. Son inmortales de la historia, y permanecen en la memoria colectiva. ¿Lo ves ahora? El problema no son las profesiones emergentes, basadas en la creación de contenidos o las influencias, ésas han estado siempre, con otros formatos, con otros nombres. Lo que realmente marca la diferencia entre algo que funciona y algo que no, en la Era de la Conciencia en la que vivimos, es comunicar desde el corazón. Desde lo más profundo del alma, sin miedo a admitir que somos algo más que un saco de huesos, tendones, músculos y vasos sanguíneos. Está claro que no lo somos, aunque hayamos pretendido durante mucho tiempo que sí. He ahí la raíz de muchos de los problemas de salud mental a los que nos hemos visto arrastrados por una falta de conciencia total de quiénes somos en realidad, y del poder de nuestra voz como individuos.

Espero explicarme bien. «Tú eres buena, tú eres lista, tú eres importante» (*The Help*, 2011)[3]. Aplica para todo, solo por existir, aunque lo hayas olvidado. Deja de censurarte, de explotarte, de invalidarte y de temer a tu potencial, y por ende al mundo que te rodea. Lo ves hostil porque estás siendo hostil contra ti. Porque estás hablando contigo de una forma irrespetuosa, inmoral, insostenible, desagradable y odiosa. Lo estás haciendo para encajar, para encontrar tu hueco, lo sé. Yo también lo hacía, pero te estás haciendo daño, mucho daño. Por favor, date permiso para parar de tratarte así. Suelta eso de una vez. Permítete ser quien eres, desde el corazón, no desde la apariencia. Por eso tienes este libro en tus manos, por eso lo estoy escribiendo, porque quiero recordarte cuál es y cómo usar de forma consciente el poder de tu voz.

---

[3] Una de mis frases favoritas de la película *Criadas y Señoras* (en español), dirigida por Tate Taylor, y basada en la novela de Kathryn Stockett. Fuente: https://www.filmaffinity.com/es/film512560.html

Barreras

Cuando era pequeña, tenía los típicos bebés de juguete con sus complementos y carritos. Igual que mi hermana y mis primas. «Ese tipo de juguetes», ya me entiendes. Aunque a mí los que me gustaban tenían teclas, pantallas, podía hacer música con ellos, eran más caros, y menos populares. Y además de ser más caros, no era lo habitual regalar eso a una niña pequeña. Aun así, yo lo pedía, y crecí con la sensación de que mis gustos eran caros, y por tanto, estaba condenada a recibir juguetes que ni me interesaban, ni me entretenían, ni usaba para nada. Que en paz descansen los juguetes que tuvimos y siempre quedaron en el fondo del cajón almacenados.

Con cuatro años le rogué a mi madre que me inscribiera en la Escuela Oficial de Música, y aunque ella atendió mi demanda, no me admitieron por ser muy pequeña. Al parecer, no iba a comprender nada de lo que allí se enseñaba. Tuve que esperar hasta los seis años para poder inscribirme, y comenzar a estudiar solfeo y diversos instrumentos musicales. Así hasta los diecisiete, cuando me fui a la Universidad. En esos años pedí muchas cosas a mis padres, tales como un ordenador, X CD que contenía una enciclopedia digital, agendas electrónicas, cámaras de fotos, dispositivos móviles, *walkman*, *discman*... Pero también pedía otras cosas. Quería que mis padres me enviaran a un internado en Madrid a estudiar, y a ser posible que fuera bilingüe. ¿De dónde saqué todo eso? Ni idea, porque nadie de mi entorno o familia había hecho algo parecido. Pero mientras mi familia planificaba sus sueños y su vida perfecta al alcanzar los veinticinco, siendo madres y padres, con una familia formada, con estabilidad económica, yo solo tenía tres sueños en mente: ir a la Universidad, aprender inglés, y vivir en Madrid.

Con siete u ocho años nos mudamos al campo por elección de mis padres, y yo sentí que sencillamente me apartaban de la civilización. Odiaba vivir tan lejos de todo lo que a mí me llamaba la atención. Mis padres tenían una política de cero videojuegos en casa, así que nunca tuve una consola o similar. Tampoco tenía claro cómo sería mi vida de adulta, ni me preocupaba la verdad. Mis primas y primos sí tuvieron, además de los bebés, cocinitas, Barbies, figuras de acción, o el juguete que estuviera de moda, toda clase de consolas y videojuegos, y muchas veces yo intentaba quedarme en sus casas para disfrutar de aquella tecnología. Eso era lo que quería realmente, la tecnología. Se me daba fatal el juego en sí, ni me interesaba, ni soportaba la tensión en la musculatura para llegar a meta. Solo quería apretar botones y ver qué pasaba, aunque aquello estaba claro que no era lo mío. En los juegos de mesa, siempre era la que ganaba más dinero, construía más edificios, y llegaba antes a meta.

Así que hasta los diecisiete años me dediqué a ayudar en las tareas dentro y fuera de casa en el campo, aprendí a cocinar, a lavar, a encofrar, a cortar y tintar madera, a plantar y recoger papas, lentejas, o azafrán, lo que tocara. Por favor, no juzgues a mis padres, ahora es cuando se pone interesante. Resulta que además ellos tenían estanterías llenas de libros de materias tan diversas como Contabilidad, Protocolo y buenas maneras, Economía, Psicología, Espiritualidad, Cocina, Medicina natural, Novela clásica, Ejercicio físico, Oratoria, Poesía, Enciclopedias... Al parecer mi padre fue miembro durante muchos años del ya extinto *Círculo de Lectores*, un club fundado en 1962 para amantes de la lectura que encontraban en sus recomendaciones libros interesantes que les enviaban luego a casa. Por su parte, mi madre era una ávida lectora, en especial de literatura oriental, artes marciales, espiritualidad, esoterismo, novela clásica, y casi todo lo que le echaran, en realidad. Eran el combo perfecto para crear una biblioteca en el campo de la que, efectivamente, me nutrí durante muchos años en silencio. Era lo más cerca que podía estar de Madrid, Barcelona, Buenos Aires, Portugal, París, o Senegal. Y lo aproveché al máximo.

Por aquel entonces no tenía ni idea de qué carrera estudiar, y la fuerza que ejercieron para que eligiera mi futuro en unos pocos días me llevó a mi primer fracaso académico al inscribirme en Ingeniería Técnica Industrial, especialidad en Mecánica, para abandonarla pocos meses después. Por suerte, tuve una segunda oportunidad (muy cara para mis padres) de estudiar Periodismo, y esta no la desperdicié. Encontré el escape a mucho de lo que llevaba por dentro en la escritura y el pensamiento, y comprendí que había escogido una profesión que me permitiría desarrollarme tal y como soy en realidad: una *cambiapieles*.

Porque siempre fui rara. No socializaba como el resto de mis compañeros, no me gustaban, ni encajaba en los grupitos de amigos. Cuando hablaba de la música que escuchaba, o de los libros que leía se burlaban de mí. Pero sobre todo, y lo que más me dolía era que nadie me entendía. A mis propios padres les costó hacerlo, y por ende, a mí también. Tras muchos años di con la clave de cuál era el anhelo más profundo de mi ser, más allá de los juguetes, el sistema educativo o social, o cualquier experiencia vivida, mi corazón conocía la mayor barrera que siempre quise derribar: el desconocimiento del mundo y de mí misma.

Inconsciente al principio, y consciente después, la ignorancia ha sido siempre el obstáculo fundamental a salvar. Por eso me inquietaba la tecnología, por eso mis gustos eran «raros» o «caros», por eso mis conversaciones no tenían sentido para personas de mi edad. Me inculcaron y aprendí los valores de la naturaleza, el milagro de la vida y la paz que se encuentra rodeada de animales y flores, la sensibilidad que despertaba en mí y en los demás la música, la importancia de la psique y el intelecto, la nostalgia de la poesía, los viajes en submarino o en ochenta días por todo el mundo. Por eso nunca estuvo en mis planes ser madre, o casarme. Mis prioridades siempre fueron otras.

Te cuento esta historia para demostrarte que, tanto si eres consciente como si no, la ignorancia es la principal barrera que nos encontramos las personas a la hora de encajar en el mundo, sea el que sea en ese momento. Las sociedades cambian, la tecnología se desarrolla, los sistemas evolucionan (o involucionan), pero ignorar su transmutación no nos exime de vivir en ese mismo mundo. Durante mucho tiempo deseé haber nacido en otra época de la historia, ¡qué equivocada estaba! Menos mal que los deseos no se cumplen de forma inmediata, porque me habría perdido el florecer de Internet, el acceso a muchos más países, culturas, y conocimiento de los que cabrían en las ahora pequeñas estanterías de mi hogar. Y todo sin moverme de casa.

Una vez que aprendí y acepté mi naturaleza intrínseca de luchar contra la ignorancia, mi vida se hizo más fácil. No porque ya tuviera la respuesta a qué hacer con ella (a día de hoy sigo intentando encontrarla), sino para expresar de forma correcta lo que necesito y quiero para ser feliz. Por suerte, la ignorancia es una condición humana que jamás se extingue, así que tengo la certeza de que no me aburriré en absoluto en esta vida. Ya sabes lo que dicen: cuanto más aprendes, más descubres lo poco que sabes.

La primera gran barrera para la comunicación y la vida: la ignorancia

Admitir que somos seres ignorantes de lo absoluto de la realidad es darnos permiso para errar y aprender. Estoy convencida de que una parte amplia de las personas reticentes a los cambios, a la evolución tecnológica, y a las profesiones nacientes, lo son por pura ignorancia. Creen que la vida ya les enseñó todo, que lo aprendieron todo en las escuelas, o en sus trabajos de ocho horas de jornada al día, o en veinte o treinta años de experiencia profesional. En algún momento, se creyeron la ilusión de que habían dejado de aprender en tal o cual aspecto, y entonces se volvieron obtusos e intolerantes. Así de simple. La ignorancia trae ese tipo de cargas consigo: prepotencia, intolerancia, violencia, belicismo, avaricia, patologías, maltrato, desencuentro, y un largo etcétera. Te haces una idea, creo.

Escuchamos para replicar, no para entender

He aquí la segunda gran barrera en la Comunicación. Diría que ni tan siquiera escuchamos, oímos un ruido de fondo al que le prestamos la atención justa para poder responder con nuestro argumentario bien atadito en nuestra cabeza. ¿Por qué el empeño para que aprendamos a hablar sin antes enseñarnos a escuchar? Esta discusión la tuve con un compañero de los medios de comunicación hace un tiempo. Él sostenía que lo primero en la Comunicación era el mensaje que se quería transmitir, el emisor, y en último lugar el receptor, encargado de la escucha. Presté mucha atención a su conclusión y le contesté que, bajo mi punto de vista, se estaba saltando el primer paso de la cadena. El primer paso para una comunicación consciente y efectiva no es un buen mensaje, ni un lema pomposo, ni un juego de palabras facilón. El primer eslabón de la cadena es la escucha. Por mucho que tengas al mejor equipo, grandes profesionales, un mensaje auténtico, y la tecnología más innovadora a tu disposición, de nada servirá todo el trabajo y empeño si no tienes a nadie a quien le interese lo que vas a contarle.

¡Caray! ¿No servían para eso los estudios de mercado también? ¿O es que solo figuran datos numéricos de la competencia? No te estoy diciendo que tu mensaje no sea auténtico, o que tu idea no valga, o que tú no sepas comunicar. Te estoy planteando que quizá no te has informado, no has prestado la suficiente atención, no has escuchado lo que tu receptor potencial necesita. Creo que esa es la clave del fracaso en muchos negocios y emprendimientos, algunos grandes y otros pequeños. Contar con toda la maquinaria a tu alcance, y tirarla a la basura por no escuchar primero. Es mi teoría sobre el porqué muchos autores noveles fracasan pese a insistir en el mercado editorial, pese a las múltiples presentaciones y asistencias a conferencias, y Ferias del Libro. Pueden tener entre cuatro y veinte libros publicados, y no despegan. «¿Por qué?», me pregunto muchas veces. «¿Por qué?», se preguntan a sí mismos. Quizá la respuesta sea «porque yo he venido aquí a hablar de mi libro», y te da igual lo que haya venido a escuchar el público. Nota la diferencia aquí, por favor. No te conviertas en Paco Umbral en el 92[4] pasando a la historia por ese pensamiento que verbalizó en televisión, y que probablemente no le hace justicia a su trabajo como escritor y columnista (o sí, allá cada cual con su opinión).

Es distinto, si yo escucho día tras día los problemas de la gente, sus inquietudes, sus necesidades, sus gustos, sus disgustos, y les ofrezco algo que conecte directamente con alguno de esos espacios, a montar mi chiringuito sin tener en cuenta nada de eso porque «me hace ilusión». A mí me hace ilusión escribir este libro, claro que sí. Pero le he dado veinte mil vueltas a las necesidades que detecto en las personas a la hora de comunicarse, a sus barreras, a sus miedos, a sus intentos, fracasos y dudas. Que pueden ser los mismos que los míos. Y entonces, y sólo entonces, después de escuchar para entender, y no para responder o replicar, es cuando empieza la verdadera «comunicación consciente». Es cuando deberíamos ponernos en marcha con nuestro producto, servicio, negocio, profesión o actividad, tras adaptarlo a esas nece-

---

4   Francisco Umbral (Paco Umbral) fue un columnista, periodista y ensayista español. En 1992 protagonizó un incómodo momento televisivo con la presentadora española Mercedes Milá. Como invitado a una mesa de debate con otros contertulios, Umbral entró en cólera al sentirse «engañado», dado que fue invitado para comentar los distintos aspectos de su última obra publicada. Tras un rifirrafe el escritor acabó pronunciando la ya mítica frase de «yo he venido aquí a hablar de mi libro», lo que en nuestros tiempos sería un comentario viral en toda regla.

sidades. No hace falta que tires a la basura tu idea. Seguro que es buena, y realizable. Estoy convencida de que muchas personas se ahorrarían el mal trago de arrojar sus esperanzas, ilusiones, dinero y proyectos a la basura, si primero se detuvieran a escuchar.

Miedo, la tercera gran barrera en comunicación

La vergüenza, el temor al fracaso y a la exposición, el sentido del ridículo, el pavor a las críticas... ¿Sabes lo que son? Miedo, uno que adopta múltiples formas y nombres, pero que, lo vistas como lo vistas, es miedo al fin y al cabo. Es una condición que huelen de inmediato los animales. Y el ser humano, tan endiosado en su pedestal autoproclamado, ha olvidado por conveniencia u omisión que también pertenece al mundo animal. Me parece estupendo que puedas pensar, razonar, y llegar a ideas complejas solo con la capacidad de tus neuronas, pero, ¿crees que tu miedo no se huele cuando vas a exponer todo eso? No te lleves a engaños, por favor. Cualquier persona experta en lenguaje no verbal te dirá que estás ejecutando ciertas acciones o señales a nivel corporal que denotan tu miedo, y que así éste es más perceptible para otras personas. Yo voy a ir más al grano, como mujer salvaje de campo que soy: tu miedo apesta a kilómetros, aunque no muevas ni una pestaña colega.

Y he aquí la paradoja. Cuanto más despierta estás, cuanto más intuitiva y conectada con la naturaleza, con la espiritualidad, con los deseos de tu corazón, con tu yo verdadero, y con tu propósito en la vida, más se extiende ese olor ante tu receptor. Vivir de forma consciente tiene sus ventajas, pero también sus riesgos. Si te abres a una nueva forma de pensar, está claro que vacilarás en algún momento, que tendrás dudas, que caerás. Caminas por senderos poco transitados y llenos de obstáculos, está claro. ¿Y? ¿Qué hacemos entonces? ¿Seguimos durmiendo, por miedo al miedo? ¿O despertamos y miramos de frente a ese miedo? Imagino tu respuesta, pero admito que es más fácil decirlo que hacerlo.

El primer paso es reconocer que tienes miedo, de la clase que sea. No importa si le has puesto el nombre de «tengo miedo al ridículo», «me da vergüenza que me vean», «y si me critican», «y si no le gusta a nadie»... Sobre esa clase de miedo te diré algo: se llama ego. Tu ego impidiéndote avanzar para proteger su orgullo, su dignidad y qué se yo. Para protegerse a sí mismo, pero no a ti. Sobre esto hablé en el episodio «Apuntes de comunicación: hablar en público»[5] de mi pódcast *Lo que nadie me dijo*. Pero te lo cuento también aquí. Cuando tu atención está centrada en esos miedos nacidos del ego, no puede estar centrada en lo que estás haciendo, así que con toda probabilidad ocurra lo que tanto temes que ocurra. ¿Cómo pretendes tener éxito a la hora de trasladar tu mensaje, proyecto o idea si en tu cabeza solo piensas «se van a burlar de mí»? La forma de disipar ese tipo de miedos es entrenarte para actuar desde tu propósito y tu mensaje, con la planificación que ya tenías fijada, y silenciar el resto.

Aquí va un ejemplo práctico: cuando he presentado algún evento, todo en lo que pienso es en el discurso, que esté correctamente redactado el guion, y que responda a las necesidades de quien me contrató para presentar. Tengo en mente la vocalización, palabras y datos adicionales para incluir en caso de un imprevisto, y mi atención plena está en el desarrollo de toda la

---

[5] https://open.spotify.com/episode/5RLmlNKgrZjMj2l8Zce41z?si=e-be3ebb582674266

función, desde que salgo de mi casa hasta que vuelvo a ella. No existe nada más en el mundo en esos momentos que mi misión para ese tramo de tiempo. Luego podré llegar a casa, afligirme por tal o cual error, analizar qué hice mal, o incluso los comentarios o críticas posteriores o anteriores que haya recibido. Pero no durante el acto. No mientras estoy comunicando el mensaje que he ido a comunicar. Por lo tanto, no me distraen ni las críticas, ni los halagos, ni las caras largas, ni los imprevistos, ni nada de lo que pueda suceder. Toda mi atención, mi ser en su conjunto, está en ese momento dando lo mejor de sí, en lo que ha ido a hacer. Y ese ser no tiene miedo, al menos durante esos instantes.

Una buena forma de empezar, si no sabes cómo, es fingirlo, visualizarlo en tu cabeza, practicarlo. ¿Cómo actuarías en tal o cual circunstancia si no tuvieras miedo? ¿Cómo hablarías y con qué palabras? ¿Cuál es tu posición corporal en esos momentos? Visualiza todo el recorrido de tu mensaje, porque es más largo que un guion escrito sobre un papel. Y no me digas que no sabes hacerlo, porque casi puedo escucharte desde aquí pensando en la ducha lo que podrías haber dicho en aquella discusión para quedar aún mejor. Y seguro que se te han ocurrido más de dos y tres respuestas mejores a la que diste.

Hay otro tipo de miedos, más arraigados a la persona, por la circunstancia que sea. Podrían considerarse miedos insuperables o incluso pánico. Para estos casos no dudes ni un instante en buscar ayuda profesional. ¿Sabes que mi psicóloga, además de ayudarme con mis traumas infantiles, mis pérdidas y duelos, también me ayudó a enfocar mi carrera profesional? Los profesionales de la salud mental están ahí por algo mucho más grande que atender «emergencias» como la ansiedad, el estrés o la depresión, tan demandadas en nuestro tiempo. En sus plenas facultades, pueden ayudarte a encontrar la confianza y las herramientas que necesitas para superar esos miedos o bloqueos. Pero los hemos infravalorado tanto que solo acudimos ante situaciones desesperadas. Acude a su consulta por un motivo distinto, como evaluar y reenfocar tu carrera profesional, eliminar tus bloqueos, y observa lo que ocurre a continuación. Tú probablemente encuentres respuestas, y la persona que te ayude lo hará con auténtica pasión, porque cuando estudió Psicología también le enseñaron eso, aunque no haya tenido ocasión de practicarlo tanto como le gustaría.

«No tengo tiempo»

Barrera o excusa, es lo mismo. La falta de tiempo para escuchar, la falta de tiempo para pensar, la falta de tiempo para informarse y formarse, la falta de tiempo para escribir, o para crear, son una de las mayores barreras de la comunicación. Entre los profesionales que se dedican a esta rama, se dice que «el tiempo siempre juega en contra», debido a la inmediatez con la que deben tomarse las decisiones para posicionarse por delante de la feroz competencia. Esto lleva a cometer actos tales como sacar a un padre en televisión mientras reproduce un audio en el que su hija, en aquellos trágicos momentos en una discoteca, le confiesa que el local donde se encuentra está ardiendo y que va a morir. Ni siquiera voy a comentar el caso concreto, solo diré que ocurrió en octubre de 2023 en España, y que es simplemente intolerable y de una descorazonadora falta de ética profesional.

Cuando comenté esta tragedia con mi círculo cercano, una desgracia en la que fallecieron varias personas, alguien dijo que cómo se le ocurría a ese padre salir a hablar con los medios de comunicación y reproducir el audio que le había enviado su hija. Me enfadé mucho, porque esto es algo que se hace con demasiada frecuencia en los medios. Culpar a la víctima (en este caso indirecta) por salir en radio y televisión. Le expliqué a esta persona que los responsables de tal afán morboso de ser los primeros en contar el suceso, eran los medios de comunicación, no un padre en estado de *shock* al que le enchufan delante cuarenta micrófonos y lo acribillan a preguntas. Un padre que, por cierto, lo único que sabía es que su hija estaba entre las personas desaparecidas en el momento de hacer las declaraciones, por lo que su principal preocupación era que alguien, quien fuera, le diera respuestas. Que alguien le dijera que su hija estaba viva, aunque todos los indicios apuntaban a lo contrario. Pero los periodistas y medios de comunicación «no tenían tiempo» de pararse a pensar en el estado de este ser humano, sumido en la incertidumbre y el sufrimiento. ¿Qué aportaron a la audiencia? Morbo. ¿Al padre? Nada, o en todo caso que fuera señalado por el público, acusándole a él de reproducir las últimas palabras de su hija. Es como para pensarlo, ¿no crees?

Llevando este asunto al genérico de la población, acusamos con frecuencia a la falta de tiempo para justificar el no escuchar, el no dar las gracias o los buenos días, el no atender a la persona que tenemos delante. Abusamos de una excusa que se convierte en barrera cuando de verdad queremos decir algo importante.

El tiempo que un ser humano dedica a cada actividad de su vida lo decide solo él, así que la barrera de la falta de tiempo es de las primeras que tenemos que erradicar de nuestra mentalidad si queremos desarrollar nuestras habilidades comunicativas de forma consciente. Tomar el tiempo que requiera la planificación y organización de nuestro mensaje, pensar antes de hablar o escribir, reflexionar acerca de las consecuencias de nuestras palabras, y no soltarlas de forma impulsiva. Dedicar tiempo a leer y aprender, a invitar a alguien a tomar café y escuchar e intercambiar un diálogo sosegado. Comunicarse de forma consciente es una elección, como cualquier otra, y encontrará sus propios escollos a lo largo del camino. No le pongamos uno más, por favor.

Se trata de integrar en nuestro día a día la dedicación de tiempo real y de calidad a la comunicación, con quien sea y en el entorno que sea. El tiempo está muy ligado a la escucha, porque suele ser para lo último que tenemos tiempo. «Sí, ya sé que debería pensarlo mejor, pero es que mi jefe me está presionando y, o lo hago, o pienso, las dos cosas no puedo». Solo te diré una cosa respecto a esta «presión», también la he vivido, pero la decisión final es tuya. Cuando empieces a tomar conciencia del tiempo que le dedicas a cada conversación, a cada ponencia, a cada artículo que escribes, o a cada mensaje que envías, te darás cuenta de que la mayoría de las personas funcionan en automático, y no están en la misma onda que tú. Eso no debe preocuparte, ni presionarte. Es un camino solitario, lo sé, pero con el paso del tiempo, tu ejemplo silencioso cobrará más y más vida entre las personas que te rodean. Obtendrás múltiples beneficios si dedicas tiempo a lo que sabes que debes hacer, y cuando eso suceda, no pasará inadvertido para nadie de tu entorno. Pero no me creas a mí, pruébalo y a ver qué pasa. A ver qué ocurre la próxima vez que alguien vaya con mucha prisa y tú decidas hablar de forma calmada. Tal vez te sorprenda que de las cinco personas que te encuentres, a tres les apetezca quedarse un rato más charlando contigo.

Apuntes clave

- Identificar y aceptar en ti la ignorancia como una barrera que te separa del mundo, es el primer paso hacia una comunicación y una vida más conscientes.
- Invierte más en escuchar y menos en hablar o replicar. Así aprenderás a responder, a no discutir, reducirás de forma drástica tus impulsos y empezarás a comprender.
- Trabaja cada día y en cada situación en identificar tus miedos, conscientes e inconscientes, para que puedas actuar sobre ellos y que no dominen tus acciones.
- Elimina de tu vocabulario el «no tengo tiempo». Encuentra, busca, crea ese tiempo para escuchar, pensar, reflexionar, y en última instancia para hablar. La comunicación consciente comienza mucho antes de que una sola palabra salga de ti. Entiende y adapta este proceso a ti.

Mensaje

Esto ya te va interesando más, lo intuyo. ¿Qué tengo que decir para ganar en el juego de la dialéctica? Vamos por partes, porque estoy un poco agobiada. No dejan de saltarme anuncios en Instagram y en TikTok sobre fórmulas maestras para conseguir más seguidores, más ventas, más audiencia para mi chiringuito. Con eslóganes atractivos del tipo: «¿Quieres tener más ventas? No importa el equipo que tengas, no importa si no tienes conocimientos en redes sociales, ni siquiera importa cómo te expreses...» y ahí ya hago *scroll*, cierro y rezo. Rezo para que nadie se lo crea. Pero rezar es un acto de fe más apropiado para otros menesteres. Cuando se trata de negocios, de ventas, de emprendimiento, de innovación y de comunicación, rezar es perder tiempo y dinero. Otro motivo para profundizar en este asunto.

Sí importa cómo te expresas. Sí importa el equipo técnico que tienes y cómo lo utilizas (de eso hablaremos en otro capítulo más adelante). Importa que tengas unos conocimientos básicos de lo que quiera que sea que vayas a hacer. ¿Sabes por qué? Porque si no le das importancia a todo eso, estás en las manos de quien creó ese vídeo promocional. Pan para hoy y hambre para mañana. Seguro que puede enseñarte algo que tú no sabes, un método efectivo para convertir en ventas tus comunicaciones y tu trabajo, no lo pongo en duda. Pero si te desentiendes del proceso y del mensaje, serán otros quienes lo elaboren por ti, y siempre dependerás del criterio de esos otros. Ése sí que es el auténtico chollo, el que hacen ellos, tú solo estás gastando dinero, no lo estás invirtiendo.

Cuando inviertes es porque con tu dinero pagas gustosa el precio de algo que te va a reportar un beneficio que necesitas, a largo plazo a ser posible. Cuando gastas, es cuando compras algo sin saber por qué, cómo, qué, ni cuándo ese dinero te dará resultados, porque lo has dejado en manos ajenas. Lo más probable es que nunca más vuelva a ti.

Aquí me gustaría aclarar algo importante. Yo misma he invertido en numerosos cursos para aprender habilidades concretas, también con eslóganes atractivos, y aunque sus creadores piensen que he caído en su embudo porque son unos *cracks*, la realidad es que se equivocan. He buscado conscientemente qué necesito aprender para ir al siguiente nivel, y entonces y solo entonces, tras comparar e informarme muy bien sobre la oferta existente, elijo dónde invertir mi dinero. Porque me pueden enseñar algo que yo no sé, está claro, pero me tiene que compensar esa inversión. Incluso si te sobra el dinero, gastar por gastar en este o aquel cursillo de cuatro días que te promete la fantasía del éxito, tarde o temprano fracasarás. Porque has dejado tu mensaje, tu identidad y tu corazón en la bandeja de oro que ha creado otra persona para que los dejes justo ahí. Distingue entre gastar e invertir, y una vez que tengas clara la diferencia, asegúrate de dedicarle todo el tiempo necesario para que la inversión sea lo más rentable posible para ti.

Pensamiento crítico

Lo necesitas, para poder discernir qué es un gasto y qué una inversión. Para poder definir tu mensaje con base en tu misión, no a la de otros, ni a lo que está de moda. Porque las modas pasan, pero el buen juicio no. Cuando emitimos un mensaje auténtico, crea una conexión emocional con otras personas que es difícil de romper. Incluso si dentro de diez años tu mensaje ha cambiado, si tienes el buen criterio para escoger con juicio el mensaje que te representa en cada momento, no pierde su validez, y te recordarán por él.

Por lo tanto, la primera premisa que te sugiero para tu mensaje es que no permitas que otros lo elijan por ti. Ahora bien, puede que no tengas experiencia en la materia y necesites un poco de ayuda. Ahí ya estamos en otro punto diferente. Lo que necesitas es asesoramiento experto, no alguien que haga las cosas por ti basándonos en su fórmula. Esto de la comunicación hay que trabajarlo, y si crees que no es así, este libro no es para ti. Si crees que la forma de comunicar tu mensaje y tu mensaje son importantes, sigue aquí conmigo.

Nadie domina tu mensaje mejor que tú, ¿sabes? Puede que no conozcas las palabras ideales para expresarlo, pero dentro de ti sí que sabes lo que quieres decir. Y para descubrirlo, además de recurrir al asesoramiento de profesionales en *copywriting*[6], por ejemplo, también puedes hacer el trabajo por tu cuenta.

---

[6]   En Marketing Paradise definen el *copywriting* en dos palabras «escritura persuasiva». Además ofrecen una explicación de para qué sirve y qué es un copy. Fuente: https://mkparadise.com/que-es-copywriting

Hazte las preguntas correctas

El sota, caballo y rey del Periodismo, las cinco W (en inglés): «quién», «qué», «cuándo», «dónde», y «por qué». Añádele la sexta: «para qué». Es la que marcará la diferencia en tu mensaje y la primera que debes tener en cuenta.

¿Quién es tu público, o audiencia a la que te diriges? ¿Qué es lo que le ofreces? ¿Cuándo puedes hacerlo y de qué manera? ¿Dónde estás? ¿Desde dónde comunicas, ofreces tu servicio, etc.? ¿Por qué debería interesarle a tu público?

La mayoría de las personas suele tener claros estos conceptos, aunque no se hagan las preguntas tal cual las he expuesto, pero está claro que conocen las respuestas. El error consiste en poner todas esas afirmaciones al inicio de tu mensaje. Es más, me atrevería a decir que con la velocidad de la información, la exigencia de vídeos cortos, o *copys* llamativos, toda esa información es prescindible como mensaje inicial. Lo que sí marca la diferencia en un mensaje es la respuesta a la pregunta de ¿para qué?. Para qué me estás diciendo esto, cuál es tu misión, cuál es el alma de tu mensaje. Te pongo un ejemplo.

«A ti que te apasiona la comunicación, te invito a que leas mi libro en el que te ofrezco mi experiencia aplicada para que tu mensaje sea más auténtico y consciente, y llegue a un mayor número de personas». ¿Cuándo dejaste de prestar atención?

«Tienes algo importante que decir. Reconoce el poder de tu voz, ponla al servicio de los demás, y marca la diferencia». Diferente, ¿o no?

Mi misión es que reconozcas el poder de tu voz y de tu mensaje entre la vorágine de la infoxicación[7]. Mi objetivo es que la pongas a trabajar al servicio de los demás, porque solo de esta forma nacerá desde tu corazón. Desde ahí conectarás en realidad con tu público. Libros sobre escritura, sobre *marketing* digital, sobre negocios, o desarrollo personal, los hay por miles. ¿Acaso marco alguna diferencia si te digo que este libro te cambiará la vida? Mucho me temo que el tiempo de los milagros ya pasó cuando aún llevaba pañales. Pero si te digo que hay algo valioso dentro de ti, a lo que no estás prestando atención, que tienes silenciado para no escuchar, y que es precisamente la fuente de tu poder, la cosa cambia.

¿Sabes lo mejor de todo? Que no te estoy diciendo mentiras, y tú lo sabes. No sientes rechazo al leer lo que te estoy contando. Sabes que es verdad. Siempre has intuido que puedes aportar algo, que tienes algo por dentro que se muere por salir, y que nadie más tiene. Existen profesionales capacitados para asesorarte y formarte en innovación, en habilidades tecnológicas y buenas prácticas en Internet. ¿Y qué hay de ti? De la maestra y el maestro que llevas dentro, que sabe perfectamente hacia dónde se inclina en cada momento su brújula vital. ¿No le haces caso? ¿No escuchas lo que dice?

A la hora de elaborar un mensaje ten presente que lo más importante es que contenga, en pocas palabras, la misión que te has propuesto y cómo ayudas a los demás a través de ella. Como ves, me estoy saltando la charla de que quieras ganar seguidores,

---

[7]   «Infoxicación». Un concepto que se refiere a «una sobrecarga de información difícil de procesar». Se trata de un neologismo acuñado por Alfons Cornella «para aludir a la sobresaturación de información, como acrónimo de intoxicación por información». Fuente: https://www.fundeu.es/recomendacion/infoxicacion-neologismo-adecuado-en-espanol-1279/

audiencia, dinero, libertad, tiempo, etc. Eso pasó a la historia, junto a los dinosaurios. Ya te expliqué al principio que en la Era de la Conciencia nos lo pensamos cuatro y cinco veces antes de escuchar, de comprar, de invertir. Queremos hacerlo en algo auténtico, en lo que no sólo tú te enriquezcas, sino en algo en lo que además yo sea parte activa e importante del proceso. Bien sea porque tu mensaje está alineado con los Objetivos de Desarrollo Sostenible (ODS)[8], o con los animales porque los amo, o con la salud mental, o con la parte humana de tu acción, y que me enriquezca a mí también de la manera que sea.

Ortografía y gramática

La inmediatez de la información no justifica las faltas ortográficas y gramaticales. Vuelve a leerlo. Este es tu mantra, y me explico. ¿Te imaginas a una gran multinacional como Inditex© o Coca-Cola© cometiendo este tipo de faltas en sus promociones? Desde luego yo no. Puede que su imagen visual sea cuidada al milímetro, pero también lo es su corrección gramatical y ortográfica. Nadie que desee obtener confianza por parte de su público a largo plazo puede ignorar esta premisa.

Alguien me dijo hace poco «es que en las redes sociales vale todo, hay *influencer*s con miles de seguidores que escriben fatal». Es cierto, respondí, ¿pero a quién se dirige esa persona, cuál es su

---

[8]   Los Objetivos de Desarrollo Sostenible (ODS) pertenecen a la Agenda de Desarrollo Sostenible que idearon en 2015 líderes mundiales con el fin de «erradicar la pobreza, proteger el planeta y asegurar la prosperidad para todos», y que invita a la ciudadanía a actuar dando pautas prácticas sobre cómo hacerlo. Fuente: https://www.un.org/sustainabledevelopment/es/objetivos-de-desarrollo-sostenible/

público, y qué recorrido crees que va a tener de aquí a cinco años? La realidad cambia a tal velocidad que más pronto que tarde ese tipo de mensajes descuidados pasarán a la historia, y solo le quedarán dos opciones a esos *influencers*: mejorar la calidad de sus contenidos y la forma de expresarlos para llevar su negocio al siguiente nivel, o ser condenados al olvido. Así de simple.

La prueba está en que cada vez más personas se preocupan por los detalles, y entre esos detalles se encuentran la ortografía y la gramática, fundamentales, por ejemplo, a la hora de subtitular contenidos de vídeo. ¿Por qué crees que se hace? Tal vez pienses que los subtítulos son una moda, pero no es así. Responden a las demandas de múltiples colectivos como el de las personas sordas, a quienes debes dirigirte de forma correcta si quieres que tu mensaje sea comprensible. Pero hay más. La tendencia a mantener nuestros dispositivos silenciados para evitar interrupciones, no impide que les echemos un vistazo en el trabajo, con un grupo de amigos, en el cine, o mientras nuestro bebé duerme la siesta.

¿Sabes cuántas mamás me han dado las gracias por subtitular mis contenidos? El único tiempo de que disponen para consumirlos es mientras sus retoños están ocupados o durmiendo, y no pueden alterar esa armonía, pero quieren dedicarle tiempo a lo que les entretiene y les gusta. Una buena forma de ofrecerles el contenido, es mediante el vídeo subtitulado. Dar alternativas y facilidades a cualquiera que lo necesite en cualquier momento y lugar es garantía de éxito, pero hay que hacerlo bien, aunque lleve un poco más de tiempo y esfuerzo. Bien lo vale esa inversión.

¿Comprarías o leerías el libro de alguien que comete continuamente faltas ortográficas? Yo no, desde luego. Puede que consuma sus contenidos, pero al poco tiempo me cansaría, porque sentiría que no se lo toma en serio. No se toma en serio su trabajo, solo por cómo escribe, pronuncia o lee. ¿Te das cuenta? Eso es confianza. Si tú me estás demostrando que no confías en ti, que no crees en ti como para tomarte el tiempo de pulir y cuidar hasta el más mínimo detalle de tu mensaje, ¿por qué iba a hacerlo yo?

Las marcas y las empresas requieren creatividad y talento en los creadores de contenidos, pero eso no es suficiente. No paran de crecer las alternativas en el mercado, el interés de las audiencias por tal o cual persona que se dedica a la creación de contenidos, ¿cómo los diferenciamos? En algún momento tus errores gramaticales y ortográficos harán la diferencia con la competencia, en especial si quieres seguir creciendo y trabajar con marcas y público de mayor calibre y nivel formativo o de especialización.

Quien justifica escribir mal por la inmediatez y la velocidad demuestra falta de compromiso consigo mismo y con su audiencia. Lo peor de todo es pensar en ¡cómo es en su vida real! En los detalles está la clave. ¿Justificarías hacer las cosas rápido y mal en ciertos aspectos de tu vida solo para ser el primero? Piensa en el sexo, en la educación de tus hijos, en ese email en el que te juegas un contrato de miles de euros... Yo me lo pensaría dos, cuatro, y las veces que haga falta.

Además de generar confianza a largo plazo, una comunicación cuidada y exquisita aporta otros beneficios al emisor tales como la profesionalidad y el rigor en su hacer. Muchas veces me he sorprendido al leer *curriculum vitae* de personas que pueden ser perfectamente válidas para un puesto de trabajo, pero es que me sangran los ojos desde la primera línea. ¿Quién quiere a alguien así en su empresa? Si esta es la forma en la que escribes tu carta de presentación para algo que se supone que es importante para ti, te lo podrías haber currado un poco más ¿no?

Estarás pensando, «vale, puede que lo que esta mujer me está contando tenga algo de sentido, pero es que yo tengo faltas ortográficas y gramaticales, porque no me lo enseñaron bien en la escuela, porque me cuesta, o por lo que sea». Perdona que te saque de la ensoñación: excusas. La mayor parte de las faltas ortográficas y gramaticales que cometemos se pueden solucionar con unos pocos *clics* en páginas especializadas, y tras revisar nuestro mensaje. Si no estás segura de que algo sea correcto, revísalo. Muy pocas personas se detienen a releer lo que han escrito antes de enviarlo o entregarlo a los demás. Esta es una costumbre horrorosa.

Cuando vas a una cita especial con esa persona que te gusta, ¿no revisas hasta el más mínimo detalle de tu ropa, tu calzado, tu peinado, tu perfume, o tu maquillaje? Quieres causar una buena impresión, y te empleas a fondo en ello. ¿Por qué no haces lo mismo con la forma en la que te comunicas? Por cierto, el consejo para la cita es gratis: no hay nada más atractivo en este mundo que una persona que se explica con corrección y coherencia. Hecho probado empíricamente. Y, si no, piensa en todas las veces que has hablado con una persona que no te resulta físicamente atractiva, pero de la que no puedes apartar la vista y con la que te quedarías hablando días, meses, e incluso años. ¿Por qué es? Por su maravillosa personalidad seguro, pero es que en el *pack* está incluida la forma en la que se expresa casi en un 99,99 % de probabilidades.

Reconozco que hay personas, y de esto hablaré más adelante, a las que por edad, circunstancias, o tiempo, les cuesta especialmente la corrección ortográfica y gramatical. De hecho, se les hace un mundo y no saben por dónde empezar. Para eso existen empresas como Correcto© , fundada por tres españoles, y cuya misión es la de entregar a las personas hispanohablantes o aprendices de la lengua española, una herramienta ágil, útil, y dinámica para que aborden estos problemas de base. También puedes recurrir a profesionales de la corrección, inscribirte en un curso de escritura, redacción y ortografía *online*, o incluso aprovechar la escritura asistida por IA que ya está disponible... Opciones hay, pero necesitas saber y querer encontrarlas.

Seguro que has escuchado que lo que nos importa a las personas no es a qué te dedicas, qué estudiaste, cuánto dinero tienes, o con cuántos reconocimientos cuentas. Da igual el ámbito del que se trate, en lo que nos fijamos las personas a la hora de conectar con otras, y lo que mantiene ese vínculo a través del tiempo es «cómo las haces sentir». Cómo hacemos que se sientan otras personas es la auténtica clave de un mensaje bien elaborado. Si tu mensaje, y la forma que tienes de transmitirlo me hace sentir bien, empoderada, valiosa, comprendida, y respetada, voy a ir contigo hasta la muerte. Porque es tan valioso lo que me aportas al hacerme sentir especial, y tan difícil de encontrar, que me voy a agarrar a eso, pase lo que pase. Voy a ser tu mayor admiradora, te recomendaré a mis familiares y amigos, porque quiero que ellos también se sientan como me has hecho sentir a mí.

Es algo que también se consigue con una forma correcta de expresarse, no verbal, oral o escrita. Al hacer «las cosas bien», estás demostrando que te respetas a ti, pero lo más importante es que estás demostrando respeto a tu interlocutor. No se merece menos que lo mejor que tú le puedes dar. Y si lo mejor que tienes es rápido, fácil, y mal... Bueno, termina tú la frase.

Al igual que sabes que cualquier persona es reemplazable por otra persona o incluso por tecnología como la IA, el cómo haces sentir a los demás no se puede sustituir. Ése es tu valor. Protégelo y desarróllalo a toda costa.

No te líes

Una cosa es buscar la corrección a la hora de expresarte, y otra distinta impostar palabras, tono de voz, y ritmos que no son los tuyos. Ya sabes lo que dice el refranero popular de que «pájaro copión no tiene razón». No sabes la cantidad de veces que he me he encontrado con personas que en ciertos círculos o ante una ponencia o similar, cambian por completo su forma de hablar, e incluso las palabras que emplean. Por alguna razón que no alcanzo a entender (aunque sospecho que hablamos de inseguridad), hay mucha gente que piensa que hablar con tecnicismos, arcaísmos o simplemente palabras cuyo significado desconocen, pero que les suenan bien en boca de otros, les otorgan algún tipo de autoridad al emitir su mensaje. Consiguen el efecto contrario, y de hecho son las ocasiones en las que más sufro como oyente, espectadora o lectora. Mientras escucho a alguien hablar de esta manera mi cabeza no deja de gritar: «Pero, ¿por qué lo hace? ¡No entiendo nada! ¿Por qué no habla normal?». Sufro cuando las personas tratan de forzar una cierta forma de expresarse, o como he dicho, hasta su propio tono de voz. Esto además de ser ridículo, distrae a las personas que te escuchan, y tu mensaje nunca resultará verdadero. Se les vendrán a la cabeza toda clase de cosas menos lo que realmente les quieres contar, te lo aseguro.

De pequeña me acomplejaba mucho mi voz por lo grave que era en comparación con otras chicas. Encima tenía serios problemas de afonía que mi madre solucionó de un plumazo llevándome a una logopeda. ¡Bendita Logopedia! Me enseñó mucho sobre la respiración diafragmática, la entonación, y a día de hoy estoy convencida de que tiene todo que ver con mi forma de entonar cuando canto, o cuando hablo. ¿Acaso pensabas que la Logopedia era solo para personas con tartamudez o problemas de deglución? Pues si lo pensabas quítatelo de la cabeza. La Logopedia, que en mi opinión no cuenta con el debido reconocimiento social e institucional, se practica por parte de profesionales del Lenguaje, y con las carencias tan grandes que tenemos casi todas las personas respecto a una correcta forma de expresarnos, o de respirar, por ejemplo, vería imprescindible acudir para quien quiera dedicarse a la comunicación, y no solo cuando se tienen problemas serios de salud.

Pero volviendo a mis complejos con la voz, con los años aprendí a quererla, aunque habría preferido que fuera más refinada, con un tono más agudo como el de otras mujeres. Pero cantar ante el público y que yo misma me diera cuenta de lo que producía en las personas, me hizo tener cada vez más y más confianza. Durante una de las primeras galas que presenté, mientras trabajaba en la radio dirigiendo un programa matinal, confesé al público este complejo diciendo lo siguiente: «De pequeña sentía muchos complejos por mi voz, quién me iba a decir que hoy en día me ganaría la vida con ella». Puedes imaginar las sonrisas entre las personas asistentes al acto. Porque somos así, muchas veces sentimos complejos por cosas nimias, a las que sin embargo hemos otorgado un gran poder, y quién sabe si en el futuro serán nuestra mayor fortaleza.

Pese a que en ocasiones cogía novelas o libros especializados que no entendía al completo, y de los que me llamaban mucho la atención ciertas expresiones y palabras, siempre he tenido claro que esa no es mi voz, es la de quien escribe el libro. Ahora mismo te estoy hablando como lo haría si estuviéramos en una cafetería tomando algo, de verdad. No necesitas hacer alarde de nada, ni de impostar tu voz para que se parezca a la de tal o cual persona, y sobre todo evita (por lo que más quieras) emplear palabras cuyo significado no conoces, o que no están dentro de tu vocabulario habitual.

Es cierto que cuando hablo en el pódcast, cuando hablo en la radio, cuando estoy en una reunión, o cuando estoy con mis amigos, las palabras y expresiones cambian por una simple cuestión protocolaria, pero no me invento ninguna, y cualquiera de ellas puede aparecer en otro contexto si la encuentro apropiada para ese momento. Porque son mías. Es importante que las expresiones y palabras que utilizas sean tuyas, que las hagas tuyas. Al igual que el hecho de descubrirte cómoda en tu tono de voz, en tu propia cadencia, en tus silencios.

Si aun así sientes que necesitas o quieres mejorar tu vocabulario te recomiendo que leas y escribas mucho, y voy a compartir contigo el mejor consejo que me han dado en la vida para este caso. Lo hizo uno de mis profesores más veteranos de la facultad, que ya no está con nosotros, y a quien siempre estaré agradecida por compartir su sabiduría con gran generosidad y pasión. Él nos puso como tarea diaria coger un diccionario y buscar al azar tres palabras, leerlas, comprenderlas, y aprenderlas bien, escribiendo posteriormente el significado tal y como lo recordamos, no buscando la exactitud.

Deja que tu mente descubra nuevas palabras del modo que sea, y luego practica mucho con ellas, sólo así serán tuyas de verdad. Lo puedes hacer en digital, por supuesto, pero yo te recomendaría que te hicieras con un diccionario en papel, que lo tengas en casa a mano, junto al resto de libros, y que instaures en ti la disciplina de hacer esto cada día como un ritual. Tres nuevas palabras por día multiplicadas por 365 días al año sin duda harán la diferencia en tu forma de expresarte. Método garantizado. ¡Gracias, Maestro!

En la variedad está el ritmo

Un último apunte acerca de las palabras que he aprendido en la radio es la importancia de movernos de sector de forma habitual para enriquecer nuestro vocabulario. Una persona puede leer muchas novelas, o sobre temas que le apasionan, pero si solo lee aquello que le resulta cómodo, no aprenderá nuevas palabras con rapidez y facilidad. Lo mismo ocurre a la hora de comunicarnos con nuestro entorno. Solemos movernos con las mismas personas, en el trabajo, en las relaciones personales, en nuestras actividades cotidianas. Cultivar el hábito de acudir a conferencias y eventos diversos, hablar con personas diferentes, buscar información sobre temas que nos producen curiosidad y que no están relacionados con nuestros gustos habituales, son buenas formas de incrementar nuestro vocabulario y expresiones.

Una de las cosas que más me apasiona de la radio, sobre todo si es local y por tanto hay menos personas para tratar todos los temas, es que te obliga a salir de tu zona de conocimiento para abordar temas variados y aprender las palabras propias de ese campo. Poder hablar de pesca durante diez minutos, para saltar a una ley específica, para hablar sobre economía y consumo, para saltar de nuevo a tratar asuntos relacionados con la psicología, para entrevistar a un artista, para moderar una tertulia política... O aprendes (y rápido) o el programa se cae. Cuanto más amplio sea nuestro vocabulario más asertividad emplearemos a la hora de expresarnos.

La variedad en las palabras que utilizamos sostiene el ritmo de cualquier conversación. Cuando algo nos suena repetitivo nuestra atención se va perdiendo sin darnos cuenta. En cambio, cuando la persona que está hablando lo hace con un lenguaje variado, con palabras diferentes aunque esté hablando de un mismo asunto, el ritmo de la conversación se mantiene con mayor facilidad.

Esta es una invitación para que pruebes nuevos escenarios, virtuales o no, en los que te empapes de sectores que no son el tuyo, que escuches a voces diferentes y prestes atención a las palabras que utilizan, que juegues en tu mente a decir lo mismo de diferentes maneras. ¿Cómo se lo contarías a tu madre? ¿Lo harías igual que si hablaras con tu abuelo? Eso mismo de lo que hablas, ¿de qué manera lo expresarías si fueras ponente de una conferencia? Juega a descubrir nuevas palabras, y a salir de lo que ya conoces tanto como te sea posible. Cuanto más habilidosa te vuelves en el arte de intercambiar escenarios y diálogos, más consciente y asertiva será tu conversación.

Apuntes clave

- Desarrolla la capacidad de discernir qué se siente bien para ti y qué no, sin encerrarte en tu propio mundo o dejar las decisiones en manos de otras personas. El pensamiento crítico es un fundamento indispensable para una comunicación consciente.

- En lugar de lanzarte al vacío de cabeza, primero hazte muchas preguntas, y sobre todo las preguntas correctas. Las más importantes de todas son para qué haces lo que haces y a quiénes ayudas con tu acción. Contesta con sinceridad y desde el corazón.

- No hay excusas para mejorar tu ortografía y gramática, así que ponte manos a la obra con el método que más fácil y cómodo te resulte, pero no te faltes al respeto ni lo hagas con los demás desatendiendo esta parte fundamental de tu expresión.

- Nunca, jamás trates de imitar a alguien. Puedes sentir admiración, y tomar a algunas personas como referentes, pero trabaja en descubrir tu propia voz de forma consciente, y nunca forzando palabras y expresiones que no te identifican.

- Aprende nuevas palabras y formas de expresión cambiando de escenario tanto como puedas. Cuanto mayor sea tu vocabulario, y por ende tu cultura general, mejor sabrás desenvolverte sin perder el ritmo de los diálogos que establezcas.

Coherencia

El vínculo entre tu mensaje y tu audiencia no se crea tan solo mediante su estructura o su forma, debe ser auténtico. Y para que algo sea auténtico vas a tener que exponerte. No te asustes, no tienes que bailar en TikTok, hacer directos en Twitch o grabar vídeos para YouTube. Cuando digo exponerte, me refiero a que vas a tener que sacar desde lo más profundo de tu ser aquello en lo que crees de verdad y compartirlo sin reservas con los demás.

Unir el mensaje con tu coherencia interna

Esta premisa es fundamental para crear «el vínculo», como dirían en la peli de *Avatar* (dirigida por James Cameron, 2009). Recuerdo a la perfección aquella frase que aprendí en la Facultad de Ciencias de la Información y que se le atribuye al que fuera presidente de los Estados Unidos entre 1861 hasta su asesinato en 1865, Abraham Lincoln, y que dice así: «Puedes engañar a todo el mundo algún tiempo. Puedes engañar a algunos todo el tiempo. Pero no puedes engañar a todo el mundo todo el tiempo».

Una frase versátil y poderosa que sirve tanto para las escuelas de Ventas y Negocios como para las de Comunicación y Publicidad, pero que por desgracia el alumnado suele olvidar con extrema facilidad. Pese a su vigencia en la actualidad, parece que hay quien cree que sí puede engañar a un número indefinido de personas durante un tiempo ilimitado. Esto es, tener éxito pese a decir mentiras. ¿En serio? Por favor, siente cómo dejo de escribir para llevarme las manos a la cabeza.

Vamos por partes. Por un lado, tenemos un mensaje que transmitir y una audiencia a la que se supone que hemos escuchado y prestado atención, y que en primera instancia probará un sorbo de lo que le ofrecemos. La clave para que la audiencia se tome la taza de té entera es ese primer sorbo. Si tú le has hablado acerca de un té puro, procedente de un país oriental, cultivado de forma orgánica y sostenible, tanto en la producción como en el trato a sus empleados, tu degustador espera que todo eso sea cierto. Porque además, le has hablado de que tu misión es ayudar al desarrollo de cierta comunidad local que cultiva dicho té. Hasta ahí todo correcto.

¿Qué pasa en el primer sorbo? Hay varias posibilidades: que lo pruebe, le guste y siga tomándolo hasta el final; que lo pruebe y note algo raro que le haga dudar de su calidad; que antes de probarlo busque en Internet si lo que le has contado es cierto. Alerta *spoiler*: la tercera es la más probable. Tu té está entre los más caros del mercado, precisamente por todas las atribuciones que tú mismo has hecho sobre él, por lo tanto, qué menos que consultar en San Google si realmente vale lo que pides. En los tres supuestos que te he presentado, y en la efervescencia de la era digital, apuesto a que más del 90 % de los degustadores echarán mano de sus dispositivos móviles para comprobar la veracidad de lo que les has contado. Y si fallas, adiós para siempre a tu té por culpa de tus mentiras, o más bien, de tu incoherencia.

Si algo no es verdad, no asegures que es verdad. Si hay cosas que no te gustan, mejóralas. Si no sabes cómo hacerlo, asesórate. Si aun así es lo que hay, destaca las virtudes en tu alegato. Pero nunca mientas. La mentira es el recurso fácil de las personas que no saben cómo explotar lo bueno de algo, y comunicar el porqué de los aspectos menos positivos de ese mismo algo, sin que pierda veracidad.

Si yo dijera que soy una periodista apasionada por la lectura, la economía y el desarrollo personal, con horas y horas de cursos y formaciones de primer nivel con «los mejores expertos» del mundo en su haber, asesorando a personas y empresas, y con experiencia de más de diez años como creadora de contenidos en redes sociales, que conozco la fórmula para que te hagas de oro con un método infalible de once pasos a la hora de comunicar, ¿qué pensarías? «Me compro el libro de esta tía, ¡pero ya!». ¿Sabes lo que yo creo? Que si pusiera eso como *claim* o eslogan en la contraportada vendería unos cuantos buenos libros, pero tarde o temprano, muchos se darían cuenta de que algo falla. ¿Dice esta chica toda la verdad?

Casi todo lo que he puesto en ese párrafo es verdad, pero no está en coherencia con lo que siento por dentro. Así que es muy probable que llegaras a la conclusión simple y llana de que es mentira. Aunque sea verdad, tiene matices, y si yo no te cuento la profundidad de esos matices, es una verdad incompleta, o lo que es lo mismo, una verdad a medias. Eso ya no vale. Es tan fácil como que vayas a tu buscador favorito, introduzcas «Érica Cerdeña» y saques tus propias conclusiones.

No estoy escribiendo esto para engañarte, lo estoy haciendo para que dejes de engañarte tú con premisas falsas. Una media verdad o media mentira, es una mentira, al igual que omitir algo de forma deliberada sabiendo que está mal, y que no está en coherencia con tu mensaje ni con tus objetivos. Así que lo primero de todo es admitir con sinceridad cuál es la verdad detrás de tu mensaje. Me da igual si es un mensaje para dirigirte a tu pareja, para vender un producto o servicio, o para hablar a través de los medios de comunicación. De todo lo que vas a contar, ¿qué es verdad y solamente verdad? Bien, eso lo tienes claro. Ahora vamos al punto donde surgen las dudas de si esto es o no coherente con lo que trato de explicar o hacer.

¿Tiene un sentido auténtico para ti lo que vas a decir? ¿Crees que aporta algo beneficioso a los demás? ¿Crees que podría ser mejor? ¿Te gustaría que tu producto o servicio fuera más sostenible con el medioambiente pero aún no lo has logrado? Bajo mi punto de vista, si eres una persona sincera consigo misma, eres capaz de responder a estas preguntas. Escríbelas en papel si quieres. Una vez que tengas las respuestas escritas tienes dos opciones: decir en voz alta a otras personas cuáles son esas respuestas o callarte (omisión). Como me dedico a hacer preguntas, sé lo que implica el silencio o la omisión a la hora de contestarlas, así que te recomendaría responderlas siempre. Cuando alguien hace bien las cosas, de corazón, con coherencia, no hay ningún peligro si nos expresamos de la forma adecuada.

Volviendo a la premisa inicial, porque si no podría perderme en este sinsentido sacando las vergüenzas de empresas, administraciones y personas (para eso necesito otro libro), hagamos una síntesis de lo que implica la coherencia en tu mensaje.

Conexión más allá de la empatía

Las personas conectamos con experiencias cercanas y verdaderas, y sabemos cuándo alguien no está siendo del todo sincero. Es ese pensamiento fugaz, o ese pinchazo en el estómago, cuando te están tratando de vender algo, o vas a hacer alguna gran compra, o te vuelves a casa y mientras friegas los platos salta una pequeña alarma en tu cabeza que te dice «algo no cuadra». Las personas tenemos una intuición innata, algunas más desarrollada que otras, pero tanto si se es consciente como si no de su existencia, está ahí para avisarte de cosas. Vuelvo a tirar de la RAE que dice:

«Intuición» - Del lat. mediev. *intuitio, -onis.*

1. f. Facultad de comprender las cosas instantáneamente, sin necesidad de razonamiento.
2. f. Resultado de intuir.
3. f. coloq. presentimiento.
4. f. Fil. Percepción íntima e instantánea de una idea o una verdad que aparece como evidente a quien la tiene.
5. f. Rel. visión beatífica.

Vamos a quedarnos con la primera acepción, si te parece bien. Puede que a un nivel consciente no exista «necesidad de razonamiento» pero no olvidemos que las personas albergamos un gran y complejo mundo en el inconsciente. Éste almacena experiencias, pensamientos arraigados, creencias, y un sinfín de información que se entrelazan de maneras curiosas para llegar a conclusiones que desde la consciencia no somos capaces de percibir, pero que están ahí. Desde luego son las personas expertas en la materia las que deben debatir sobre si son apreciaciones válidas o no, en qué se sustentan, y cuáles son las explicaciones empíricas. Ahí ni me meto. No me dedico a eso ni lo pretendo. Tan solo es que pienso mucho, y al reflexionar, con el tiempo, he comprobado cómo esos ramalazos de lucidez sí tienen un fundamento siempre y cuando la persona se encuentre sana y con sus capacidades cognitivas libres de toxicidad. Por eso en yoga se habla del desarrollo de la intuición mediante la práctica de la meditación. Si la meditación es una forma de aquietar la mente a través de la respiración, para que un océano en espumoso oleaje se convierta en un lago sereno, las cosas se ven con otra claridad. Es así de sencillo y complejo a la vez. Pero de forma instintiva, sea cultivada o no, la intuición existe de un modo inherente en cualquier ser humano. Me parece un punto importante como para subestimar, dadas las implicaciones que tiene en la conexión entre personas.

Es lógico que quieras pruebas empíricas de lo que estoy diciendo, pero mi misión no es hablarte como lo haría una científica. No lo soy ni lo pretendo. Es exponer aquello que he podido vivir en primera persona y que también tiene su base práctica si se quiere ver así. No pocas veces me he topado con personas que querían ser entrevistadas en la radio, se ponían en contacto explicando lo beneficioso que sería para la audiencia como carta de presentación. Por supuesto mi misión principal y última en aquellos momentos era la de aportar algo útil a las personas que escuchaban al otro lado de las ondas, así que me tomaba el tiempo que fuera necesario en conocer en profundidad la propuesta.

Cuando mostraba interés genuino por su mensaje, y me tomaba el tiempo para hacerle más y más preguntas sobre su idea, en todos los casos encontraba el beneficio oculto del que no me habían hablado a priori. Esto también es natural y totalmente lícito. Teniendo en cuenta cuál es el escenario al completo, para no llevarme sorpresas en directo, era el momento de decidir si se trataba de un «ganar-ganar» o de un «ganar-comprar», en el que el público escuchante paga. Hay una diferencia. Aunque la persona que hace la propuesta tenga un buen proyecto, puede que su única intención sea venderle algo a la audiencia, en cuyo caso, a no ser que se trate de publicidad, no es información útil para la ciudadanía, sino para quien vende. Y mi trabajo como periodista es proteger la confianza que la audiencia ha puesto en mis manos para que sirva de puente entre los temas que les interesan, sobre los que quieren oír hablar, y los que no.

Sin embargo, puede que la propuesta verse sobre un producto o un servicio, como un libro, por ejemplo, del que la audiencia pueda beneficiarse y aprender algo. Ahí sí que tiene todo el sentido incluir la propuesta en la escaleta, aunque la persona propositiva se beneficie de una u otra forma. Eso es lo de menos, con sinceridad lo digo. El dinero es importante, la visibilidad es importante, la autoridad es importante, y no he venido a negar aquí tales obviedades.

Todas las personas necesitamos de esas cosas para vivir, pero nunca a cambio de engañar o solo tratar de vender. Si la información que recibe la audiencia, bien sea como votante, como ciudadana, o como persona, es valiosa, claro que merece ser incluida, y que quien entrega dicha información obtenga un beneficio también por ello. Nos está aportando algo que por nosotras mismas no podríamos obtener, ¿cierto? De eso va la conexión. De empatizar a niveles conscientes e inconscientes con las necesidades de las personas, con su estilo de vida, con sus problemas, con sus sueños, con sus dificultades y con sus virtudes. Y con las vueltas que le damos a la cabeza (demasiadas quizá), sabremos reconocer al instante si lo que estamos escuchando es cierto, útil, auténtico, humo, publicidad engañosa, o un embuste.

Es un buen ejercicio para quien quiera comunicar cualquier mensaje y establecer una conexión tener esto presente. Ponerse en los zapatos de las personas a las que va dirigido su mensaje, y buscar a conciencia los puntos que nos conectan. No solo desde la empatía, sino también a través de la intuición.

El reto de ganarse la confianza

El vínculo y la conexión, sostenidos en el tiempo, dan como resultado la obtención de confianza. Tal y como gira la vida, nos hemos vuelto seres cada vez más desconfiados y perezosos. Vemos tanto, oímos tanto, tenemos tantas heridas, nos han estafado, nos han decepcionado tanto, que nuestra confianza bien merece ser ganada. Difícil de ganar, fácil de perder. Pero ese difícil es un reto, no un obstáculo. Es una forma de transformarnos en mejores personas en cada elección que hacemos para obtener dicha confianza. Hay quien se ofusca tanto en lo mucho que le ha costado obtener la confianza, que se aferra con uñas y dientes a la posibilidad de perderla.

Te cuento un secreto: cuando aprietas algo muy fuerte, o bien se te escurre como un pez en el agua, o bien terminas por aplastarlo. No te asfixies ni asfixies a nadie por tu miedo a perder. No tienes por qué perder, eso para empezar. Si mantienes tu línea, y esa es la idea de una comunicación consciente, solo puedes evolucionar y crecer hacia esa dirección. Cometerás errores, como cualquiera, pero un error no hace saltar por los aires una confianza férrea. Cuando logras conectar de tal forma con una persona que ésta acaba por entregar su confianza, solo un error no puede cortar ese vínculo. Ante los errores lo mejor es admitirlos como parte del proceso, y aprender de ellos de verdad, comunicando sin tapujos a tu público lo ocurrido.

Si la confianza se rompe por un solo error es que estaba construida sobre una base frágil. Ocurre mucho entre creadores de contenido, artistas o incluso políticos. Muchos cometen errores públicos, y son perdonados. No me estoy refiriendo a los famosetes de cuna, ésos son de otra casta, y los intereses tras el perdón poco o nada tienen que ver con la verdad. Me estoy refiriendo a personas trabajadoras, que un buen día, tras diez años de carrera sin tacha ni manchón, cometen un error. Solo si ese error reviste de una gravedad importante se romperá la confianza.

Pero si no es así, ten presente que las personas somos más empáticas de lo que creemos, y una de nuestras mayores virtudes es el perdón. De hecho, sucede que esos errores pueden llegar incluso a humanizar más a quien los ha cometido. Cuando hablo de caídas escandalosas tras un error por no tener una base sólida, me refiero a aquellas personas que en secreto han ido acumulando acciones contrarias a su coherencia interna, y han disfrazado la voluntad de servicio para beneficiarse a sí mismas. Entonces empieza un goteo incesante de faltas que se exponen referentes a la persona en cuestión, y que terminan por fracturar para siempre la confianza. Es lógico, «no se puede engañar a todo el mundo todo el tiempo».

Apuntes clave

- Para que tu comunicación se vuelva un acto consciente necesitas crear un vínculo con tu comunidad a través de la unión del mensaje que vas a trasladar con tu coherencia interna.
- Busca y encuentra la conexión con otras personas más allá de la empatía, y encuentra los puntos de enlace a través de tu propia intuición y experiencia.
- Aunque ganarse la confianza suponga un reto, nunca te aferres a la posible pérdida de esta. Céntrate en alimentar y nutrir el vínculo y la conexión con las personas a lo largo del tiempo.

Significado

Es fácil olvidar el «por qué» y «para qué» hacemos lo que hacemos, más allá de ganar un sueldo a fin de mes. De hecho, en comunicación (y me atrevería a decir que en cualquier actividad personal o profesional) el foco nunca debería ser el dinero o la ganancia per se. Claro que es importante tu ganancia, pero si estás comunicando algo en la Era de la Conciencia, ya nadie quiere oír hablar de cómo piensas hacerte rico, o de cuánto tienes, o de lo genial que eres, o de la vida de lujos que disfrutas. Es fácil, muy fácil perder el norte, sobre todo cuando se tiene la ilusión de que un cierto manejo de la dialéctica y la expresión nos proporciona un lugar de poder frente a los demás, o nos coloca en una situación aventajada.

A lo que conduce esta inercia absurda es a pasar por alto lo más importante: somos personas hablando con personas. Terminamos por deshumanizar el mensaje, nuestro propósito y la misión inicial con la que partimos un proyecto. No importa cuán grande o pequeña sea la interacción, si consigues mantenerte en ecuanimidad ante lo que se podría considerar éxito o fracaso, has logrado silenciar al ego. Ése que te dice que necesitas más para poder lograr tus objetivos. El que te susurra al oído que nadie te está creyendo, y por eso exageras el mensaje inicial, y te despegas de la misión que te habías planteado en un primer momento. Ya no te estás dirigiendo a tu público, ahora estás hablando para satisfacer a tu ego, y por tanto, lo que estás contando ha perdido su significado y su valor.

La tendencia a deshumanizar los mensajes, a volverlos impersonales para que encajen ante el mayor número de personas posible, hace que las convirtamos en números. ¿A ti te gusta que te traten como a un número? A mí desde luego no. Pues no trates a nadie como un número.

En ocasiones toca hablar de minorías sociales, por ejemplo, como grupos étnicos, religiosos, etc. Mientras tanto, tú sabes que tu audiencia es mucho más amplia, y temes que te abandone si te pasas de la raya dirigiéndote solo a esa minoría. Esto es un craso error. Si tu audiencia reconoce tu capacidad para adaptar el mensaje hacia esa minoría, a la que no tratas como minoría sino como personas con sus singularidades a tener en cuenta, no pierdes el significado, la esencia de lo que estás explicando. Además, abres la mente de otras personas a realidades diferentes a la suya, al tiempo que demuestras con hechos reales que se trate de quien se trate, tú no te diriges a esa persona como a un número.

Esto suele hacerse mucho por parte de los medios de comunicación cuando se habla de inmigración irregular, por ejemplo. Curioso, porque a las personas inmigrantes que llegan en avión con pasaporte no se las cuantifica tanto como sí se hace con las que llegan de forma irregular. En estos casos siempre he pensado que es lógico y necesario contar con datos estadísticos que informan sobre tendencias, cambios en las edades o países de origen, etc. Son datos que reflejan de forma cuantitativa qué es lo que está pasando para poder actuar desde el panorama internacional.

Sin embargo, cuando a través de los medios de comunicación locales, porque es a zonas concretas a las que llegan estas personas, se limitan a contar y contar números, no creo que se esté ofreciendo una información de servicio a la audiencia. La explicación es sencilla, como ciudadana yo puedo escuchar el número de personas que han llegado de forma irregular a un territorio, la capacidad de acogida que tiene ese lugar para esas personas, y eso está bien, pero dame algo más. Porque con esos datos quienes pueden actuar son las administraciones implicadas con competencias en materia migratoria. Mi competencia como ciudadana es otra. Es que me digas también cómo se llaman esas personas, por qué decidieron emprender un viaje peligroso y alejarse de sus familias, por qué se juegan la vida, en qué puedo ayudar, si es que puedo aportar algo. Eso sí es información valiosa para la ciudadanía. Una información enfocada a la humanización y al significado.

Aclaración importante

- Según las dos primeras acepciones de la RAE, la palabra «inmigrar» significa:
  «1. intr. Dicho de una persona: llegar a un país extranjero para radicarse en él».
  «2. intr. Dicho de una persona: instalarse en un lugar distinto de donde vivía dentro del propio país, en busca de mejores medios de vida».
- Según el mismo diccionario, las dos primeras acepciones de la palabra «emigrar» son:

«1. intr. Dicho de una persona: abandonar su propio país para establecerse en otro extranjero».

«2. intr. Dicho de una persona: abandonar la residencia habitual en busca de mejores medios de vida dentro de su propio país».

Por lo tanto, si yo salgo de mi país y me instalo en otro soy una emigrante. Pero para las personas del país al que llego, soy una inmigrante. Esto no es malo ni bueno, simplemente se refiere al origen y destino. El problema surge cuando de forma malintencionada se ha denostado la palabra «inmigrante», adjudicándole connotaciones negativas y peyorativas en muchos casos.

Convendría recordar que todos los pueblos y civilizaciones del mundo han sido a lo largo de su historia emigrantes de algún territorio e inmigrantes en algún otro. ¿Ves la diferencia? Las palabras en sí mismas no son negativas o positivas. En cambio los juicios que hacemos sobre ellas, y cómo las utilizamos, sí lo son.

Si hablamos de una empresa, claro que es preciso monitorizar y elaborar una memoria anual cuantitativa de pérdidas, beneficios, etc. Pero, ¿qué hay de la satisfacción de la plantilla, por ejemplo? ¿Qué opinan los empleados de la empresa de las opciones de conciliación a las que pueden acogerse? ¿Están de acuerdo con prácticas que pueden no ser sostenibles ni laboral ni medioambientalmente? Un apunte aquí, la sostenibilidad engloba todo, no solo el medio natural como muchas personas creen. Cuando se habla de sostenibilidad, se habla de conciliación, de rotación de personal, de cualificación impulsada por la empresa, de implementación de procesos basados en la innovación que reduzcan el impacto de la actividad...

El significado tiene mucho de cualitativo y menos de cuantitativo, porque si así fuera, el recuento de víctimas por agresión sexual, asesinatos, o de urgencias en los módulos de salud mental de los centros hospitalarios, habrían reducido su impacto. Pero contar números sólo resuelve problemas en clase de Matemáticas y Física. En la vida real y palpable, en el día a día, necesitamos conocer qué significan esos números, a ser posible desde la mayor cantidad de vértices posible. Solo así tendremos una información útil y significante para poder comunicarnos mejor, y de un modo humano real.

Apuntes clave

- Nunca olvides que somos personas interactuando con personas, no con máquinas, empresas, o un público genérico.
- La comunicación consciente busca más allá de los números para encontrar las historias vitales, personales, de superación, de retos o dificultades. Por tanto, los aspectos cualitativos van por delante de los cuantitativos.

Voluntad de servicio

Tal y como dejé entrever en la introducción, Internet y las redes sociales se han convertido en un vehículo más que se suma a los ya existentes para perpetuar la mentalidad consumista, y favorecer las ventas de emprendedores, empresas y particulares. Esto no es algo malo de por sí, al menos lo considero legítimo, y yo misma me beneficio de ello en alguna medida. No tiene que ser un producto o servicio, puede que lo que quieras «vender» sea tu marca personal.

El error se produce cuando se intenta trasladar un modelo ya obsoleto del mundo analógico al mundo digital. Porque sí, ese modelo ya estaba haciendo aguas antes de que aparecieran Facebook, TikTok, Instagram, Twitch, o YouTube. Lo preocupante de esto es que, de una forma muy creativa, el *marketing* digital se está prostituyendo sobremanera para camuflar esas ventas en una apariencia de servicio que no es real. Tranquilidad, voy a justificar mi respuesta.

Ante la democratización del acceso a la información, a la educación y la formación, y a canales mucho más económicos para trasladar mensajes a diestro y siniestro gracias a Internet, no hay un código deontológico, un manual de buenas maneras, o un marco ético y normativo delimitado que persuada a personas que se han leído unos cuantos buenos libros de desarrollo personal, o tal o cual método, se lo aprendan y lo repitan como loros una y otra vez. No importa si lo que dicen es verdad o no, si sus resultados son probados o no, si lo es su experiencia o incluso sus habilidades. Cualquiera puede tener a su alcance un micrófono, una cámara, y un altavoz en cualquiera de las múltiples plataformas para emitir sus mensajes y comunicarse.

El problema radica en la falta de ética, y sobre todo de servicio hacia los demás. Porque muchas de estas personas emplean palabras poderosas tales como «éxito», «libertad», «curación», «milagro», de forma indiscriminada, sin pensar que quien puede estar recibiendo ese mensaje se encuentra en una situación precaria, de necesidad, o enfermedad.

La desesperación y la necesidad siempre han sido las oportunidades de negocio de los malos vendedores y los malos comunicadores. De las malas personas. Aprovechar en beneficio propio la situación límite de alguien es asqueroso, pero se hace de forma habitual sin cortapisas cada día a través de los medios sociales. Pasa, como digo también, en el mundo *offline*, pero con la infoxicación presente en el *online*, esto es algo que se reproduce exponencialmente. No es de extrañar que organismos internacionales estén buscando la manera de parar o poner frenos a ciertos contenidos que se emiten a través de plataformas dirigidas por empresas cuyo único objetivo es comerciar con tu información personal.

Supongo que ya sabes que abrirse una cuenta en una red social no es ni mucho menos gratis. Puede que no facturen dinero a tu cuenta bancaria de forma directa, pero te están pasando la mayor factura posible, tu tiempo y tus datos más personales. Las redes sociales hacen negocio con tus hábitos cuando abres tal o cual aplicación, el tiempo que las utilizas, a quiénes sigues, qué tipo de contenido consumes, y un largo etcétera. Si algunas personas supieran hasta dónde llega la segmentación, temblarían al comprobar que las redes sociales, las empresas que las gestionan, y las que las utilizan, tienen más información suya que su médico de cabecera e incluso que su familia. Insisto en que esto no es algo necesariamente malo, pero es algo que hay que tomar en cuenta. Porque si ignoramos esta parte de la realidad, no estamos ante una auténtica democracia, ¿no crees?

Una vez aclarado este punto, el auténtico servicio a la sociedad (mediante el canal que sea) no radica en cuánto dinero eres capaz de generar o ganar, o en vociferar a los cuatro vientos lo genial que eres y lo bien que sabes hacer las cosas para que te alaben. Si lo que pretendes es ganarte a tu audiencia, reconoce sus necesidades y trata de cubrirlas. Para eso hace mucha falta la empatía y una vocación de servicio, que no es incompatible con facturar u obtener algún otro tipo de beneficio como reconocimiento, visibilidad, remuneración o credibilidad.

En un mundo hecho y diseñado para venderte cosas, el valor más alto que existe es aquello que entregamos a los demás de forma genuina. Esto significa que la gratificación en sí es la oportunidad de poder ayudar a alguien, o a muchas personas, en un propósito más elevado que tú y tus propias necesidades. Cuando empatizas lo suficiente, a través de la escucha activa, estás logrando conectar con la necesidad de una persona o de un grupo de personas. Estás escuchando para entender sus inquietudes, preocupaciones o dificultades, sin tratar de aprovecharte de ellas.

Al elaborar tus mensajes, al comunicarte desde esa empatía y escucha activa, estás validando las circunstancias de tu interlocutor, algo que cualquier ser humano necesita para empezar a escucharte. Cada persona está librando su batalla interior y diaria, tiene sus propias cosas en la cabeza, y es difícil captar su atención si no desarrollamos la capacidad empática que conecte con todo eso que en principio no sería «tu problema». Pero sí que lo es. Si quieres que alguien te escuche, primero necesitas escuchar tú, reconocer y validar lo que observas en esas personas a las que estás dedicando tu atención. Una vez hecho esto, hazte la siguiente pregunta: ¿cómo puedo ayudar o servir a esta persona con lo que tengo o con lo que hago?

Te pongo un ejemplo basado en mi experiencia. Entro a trabajar como editora y presentadora de un programa en una emisora local, y tengo que escoger a los invitados, contertulios, y temas a tratar durante la emisión del programa. Mi público potencial son todas las personas que viven en ese territorio, en mi entorno local. ¿Cómo puedo ayudar o servir a la ciudadanía de mi comunidad a través de mi voz y de la radio (canal)?

Respuestas posibles:

- Dar preferencia a personas que vivan en ese lugar, y que aporten información valiosa o entretenida para la audiencia. Invitar, por ejemplo, a un profesional de la salud mental para que indique pautas sencillas que cualquiera pueda aplicar para mejorar su calidad de vida. Las estadísticas no mienten, y en temas de salud mental, estamos muy lejos de alcanzar un auténtico Estado del Bienestar.
- Priorizar como invitadas a voces nuevas, también del territorio local, que tengan distintas formas de pensar para re-

solver un debate social. Lo que a las personas nos importa cuando pensamos en nuestra pequeña parcela es si las calles están saneadas, si son accesibles, si vivimos en un lugar con sombra o vegetación, si es agradable y seguro pasear por nuestro entorno. Además de contar con la parte político/administrativa, sería interesante invitar a proyectistas, personas expertas en arquitectura, sostenibilidad, accesibilidad, o paisajismo, por ejemplo.

- Incluso en una comunidad pequeña, la realidad nos dice que dicha comunidad se conforma de individuos de distinta procedencia, cultura, o capacidades. Dar voz a los colectivos minoritarios es una buena forma de educar a la ciudadanía en cuestiones que quizá no le toca de cerca, pero que necesita aprender para fomentar la integración e inclusión real de todas las personas. Al mismo tiempo, válidas, empatizas y ofreces un servicio a esa porción de la población local.

Más de una vez he tenido discusiones con compañeros de trabajo por este asunto. Ante un programa especial, por ejemplo, o a la hora de incluir algún tema cultural. Cuando en el equipo nos planteamos a quién invitar, porque contamos con un tiempo reducido para cada entrevista, casi siempre opto por gente de la propia comunidad local, y a ser posible que no sea «el o la de siempre». Esto tiene sus riesgos, por supuesto. Que el programa sea menos atractivo, que la persona no sepa expresarse correctamente o se ponga nerviosa, por ejemplo. Pero si siempre llamamos a las mismas personas cuando hablamos de cultura, o de economía, o de seguridad, o de lo que sea, solo estamos perpetuando un mismo pensamiento, y cortando la posibilidad de conocer otros nuevos. Formas distintas de hacer y de ver la realidad.

Si el objetivo es tener un «programa atractivo», y basándose en eso elijo a los invitados, he olvidado por completo la vocación de servicio a la ciudadanía. Estaría pensando solo en el prestigio. En mi propio ego y en el del medio de comunicación para el que trabajo. ¿Para qué voy a llamar a una compañía de teatro nacional que viene a participar en una semana cultural de la comunidad? Sus entradas ya están más que vendidas, y su reconocimiento es indiscutible. ¿Qué aporto a mi comunidad local si entrevisto a estas personas? Nada en absoluto. A eso lo llamo lucimiento personal, solo para decir, «mira a quién entrevisté, o mira quién estuvo en la radio». Cuando podría aprovechar ese mismo espacio para entrevistar a una compañía de teatro local, que apenas cuenta con financiación, y a la que le cuesta horrores llenar el patio de butacas. ¿Notas la diferencia? Ego, lucimiento, prestigio; o empatía, validación y servicio. Ayudar no es difícil si mantenemos fija nuestra voluntad de servicio y nuestra misión inicial, adaptando nuestro mensaje y los canales que utilizamos para que resulten de utilidad a las personas a las que nos dirigimos.

El don de la palabra

No sabía bien dónde ubicar este apartado, pero no quiero dirigirme solo a las personas que se dedican al periodismo o la comunicación. Este libro es para aportar claves que resulten útiles a todas las personas en cualquier lugar, momento, o punto de partida. Así que allá va. No tener palabras para expresar lo que eres, cómo te sientes, o lo que haces es lo peor que existe en este mundo. Hay personas que poseen el don de la palabra, bien de forma natural, o bien porque lo han trabajado. No se trata de un don caído del cielo, los dones se construyen. Y cuando alguien dispone de ese don, es su obligación moral y social emplearlo con sabiduría.

Esto es algo que aprendí con mi psicóloga el primer día que fui a su consulta porque estaba atravesando uno de los peores episodios de salud mental de mi vida, en el que se mezclaba la depresión, con la ansiedad, con el estrés, e incluso con trastornos en la alimentación. Si has acudido al médico o a un profesional de la psicología o la psiquiatría vas a reconocer de inmediato lo que te voy a contar. Cuando llevas mucho tiempo aguantando en silencio, soportando y sufriendo, al llegar a la consulta existe un primer momento clave que es cuando te hacen las preguntas: ¿Qué te pasa? ¿Cómo estás? Inmediatamente, las lágrimas empiezan a brotar de tus ojos, para bañarte desde las mejillas hasta la barbilla (y más allá), y no hay forma de pararlas. La respiración se entrecorta y sientes decenas de emociones al mismo tiempo. Alguien, por primera vez en mucho tiempo, te está mirando a la cara y te pregunta para que le contestes con la verdad y poder así ayudarte. El espacio que crean esas preguntas se llena primero con lágrimas, y cuando consigues calmarte empiezan a surgir las palabras. Así me ha pasado a mí, al menos.

Lo que mi psicóloga me enseñó es que ese espacio suele llenarse de lágrimas durante una, dos, tres, cuatro, y hasta cinco sesiones antes de que una persona pueda articular palabra alguna. ¿Sabes por qué? No las conoce. No está familiarizada con ellas, no es capaz de discernir lo que le está ocurriendo, y como todo le ocurre en caos, no es capaz de ordenar siquiera las prioridades y urgencias que tiene, ese tumulto interminable de emociones y pensamientos. En mi primera sesión con ella llené el espacio con lágrimas, pero también con palabras. Me dijo que eso no era lo habitual. Que yo sabía identificar y expresar a la perfección lo que me ocurría, y que era una suerte en parte. Es decir, una especie de don. No porque yo fuera más inteligente o formada que otras personas. A su consulta acuden profesionales y especialistas de ramas muy elevadas de la ciencia como la medicina, la psiquiatría, la docencia, la abogacía... No es una cuestión de inteligencia, estudios o habilidades. Es el don de conocer las palabras y saber ordenarlas para expresarlas con exactitud. Digo que fue una suerte en parte, porque cuando tienes esa capacidad desarrollada, el camino para la curación de tu mente es enrevesado. Se razona, se contesta, se sabotea, se convence, se revuelve, se resiste a sí misma. Pero esa es la batalla de mi psicóloga conmigo, otra historia que si quieres un día te cuento.

La idea principal que extraer de esto es la siguiente: cuando desarrollas la capacidad de comunicarte desde la empatía, con palabras verdaderas, con un propósito auténtico, con conocimiento de causa del valor que tienen, te conviertes en un vehículo al servicio de otras personas que no tienen esa capacidad aún desarrollada. Esa es una responsabilidad que puedes asumir o no, pero bajo mi punto de vista, si conoces las palabras, si sabes ordenarlas, y pones todo eso al servicio de alguien más que no seas tú, eso te convierte en una persona capaz de realizar un bien común de incalculable valor.

«Tenemos que elegir entre lo que es correcto y lo que es fácil»

J.K. Rowling

Como todo en esta vida, la elección depende solo de ti, al igual que los resultados que obtengas. Una de las claves del éxito de muchos creadores de contenido, o *bloggers*, o *youtubers*, radica en la cercanía con la que comentan aspectos personales de sus vidas, buenos y malos. Al escuchar a estas personas, su comunidad asume que posee ese «don de la palabra» y que de alguna manera está dándole voz. Lo está haciendo, de hecho, de ahí la gran influencia que tienen las personas expuestas en redes sociales ante una comunidad de seguidores. Funcionan como una especie de altavoz, como una «máquina» de validación de emociones y pensamientos que un artificio no podría lograr. Es algo que solo conseguimos las personas, y en nuestra mano está emplear ese don para hacernos y hacer el bien, o para hacernos y promover el mal.

Apuntes clave

- La voluntad de servicio consiste en pensar más allá de las necesidades individuales, para convertir la comunicación en un intercambio que cubra las necesidades e inquietudes de una o más personas.
- Dicha voluntad de servicio debe primar sobre cualquier otro aspecto personal del emisor de los mensajes, e incluso de sus propios intereses, para que resulte de utilidad y ofrezca soluciones reales a los problemas de la ciudadanía. En otras palabras, ser útil para los demás.
- Quienes cuentan con el don de la palabra son las personas idóneas para servir de altavoz a quienes no tienen dicha capacidad desarrollada. Aunque se trata de una elección personal, emplearla para hacer el bien o el mal es una decisión que afectará e impactará en la sociedad.

Objetivos

Hay aspectos inherentes a la comunicación que deben ser tenidos en cuenta de un modo escrupuloso si queremos transformar nuestro mensaje y el diálogo que se establece a partir de él en acciones conscientes. Con el fin de simplificar y organizar nuestro mensaje, es preciso establecer de manera previa unos objetivos claros que seamos capaces de lograr a través de nuestras acciones comunicativas. Aunque existe una gran variedad de objetivos (tantos como pueda imaginar una persona o empresa), a continuación se presentan algunos de los más relevantes y su forma de plantearlos. Algo en lo que sí coinciden todos los objetivos que se puedan desglosar es en su consecución a medio y largo plazo. A diferencia de la inmediatez y la búsqueda del cortoplacismo, los objetivos que se plantean en una comunicación consciente deben contar con un mayor detenimiento a la hora de plantearlos y de obtener los resultados, para que éstos sean sostenibles en el tiempo.

Visibilidad y alcance

Uno de los objetivos más aclamados cuando hablamos de comunicación suele ser aquel que busca lograr una mayor visibilidad y alcance entre el público potencial. El público potencial es aquel en el que puede impactar o no nuestro mensaje, pero el público objetivo es el que realmente terminaremos fidelizando y con base en el cual establecemos la estrategia comunicativa. Esto no significa que uno sea excluyente del otro, al contrario. Cuando nuestro objetivo sea el de lograr una mayor visibilidad o alcance es de sentido común lanzar nuestros mensajes hacia el público potencial, siempre y cuando no perdamos de vista cuál es nuestro público objetivo. De esta forma se aumenta la probabilidad de impactar con nuevas personas y público que aún no nos conoce.

Este objetivo se persigue de forma consciente siempre que se mantengan las premisas de nuestro significado, misión y coherencia, y nunca transformando el mensaje para que «guste a todos». Es común ver mensajes referentes a la marca personal de alguien, o de una empresa que resultan confusos, ya que se han modificado para «gustar» al mayor número de personas posible, dejando de lado los fundamentos que sostienen la misión principal, y que por tanto se alejan del público objetivo. Aunque el alcance o la visibilidad puedan estar entre los objetivos, y se aprovechen los distintos canales para dirigirse a un mayor número de personas, siempre se debe mantener el foco sobre el público objetivo, que es el que se encuentra alineado con nuestra misión.

Reconocimiento de uno
o varios sectores

Siempre he creído que el reconocimiento llega por sí mismo cuando las cosas se hacen bien, pero comprendo que dentro de una estrategia de comunicación se busque obtener dicho objetivo. Si contamos con el reconocimiento de uno o varios sectores, ya sea a nivel social, empresarial, profesional, o personal, las puertas y las ventanas se abren a nuestro paso con mayor facilidad. No obstante, para que la búsqueda de reconocimiento no se vuelva en contra de nuestros objetivos es preciso mantener bajo control los deseos del ego, y desapegarse del resultado de nuestras acciones para lograr dicho objetivo. Aunque parezca contradictorio, muchas personas desfallecen antes de lograr el ansiado reconocimiento porque están más pendientes de satisfacer a ciertos sectores o personas que de mantenerse firmes en su misión. Olvidan trabajar la parte interna de los procesos comunicativos, y se centran en exceso en el impacto de las acciones dirigidas a la obtención de reconocimiento. Como decía al principio, el reconocimiento llega con tiempo, siempre y cuando las cosas se hagan de forma coherente, y no siempre de la manera en la que esperamos. Dado que se trata de un objetivo que depende en gran medida del criterio de personas que pueden comprender o no nuestra misión, es importante practicar el desapego a los resultados, o solo alimentaremos una fuente de desaliento si no logramos los resultados esperados. No debería confundirse el reconocimiento de un sector con el público objetivo, pueden no ser lo mismo. De hecho, con frecuencia difieren bastante. Si por ejemplo tenemos un restaurante, nuestro público objetivo y a quienes deben dirigirse nuestras comunicaciones es a nuestros comensales. Sin embargo, es fácil perder el norte cuando se trata de «impresionar» a críticos del sector u otros restauradores. ¿Qué te importa más, la opinión de un chef o un crítico gastronómico, o la de tus comensales? Claro que resultan beneficiosas las críticas positivas de un sector especializado, pero si no se tienen, tampoco llegan a ser tan relevantes como las que nos pueden proporcionar nuestro auténtico público objetivo. Prefiero mil reseñas positivas en TripAdvisor de personas que han visitado y degustado la comida de mi restaurante, que una columna en la esquina de un periódico que se olvidará rápido y pasará inadvertida para una gran cantidad de público objetivo.

Ganancia económica

Esto es importante y creo que estaremos de acuerdo. Aunque a lo largo de estas páginas insisto en que la ganancia económica no debe ser el centro de nuestro propósito, es obvio que sin dinero no se puede emprender ninguna acción, ni vivir, ni sentir que nos respetan y nos valoran en nuestro trabajo. El dinero es un aspecto fundamental en la vida de cualquier persona, y esto no debe esconderse ni negarse. Decir que todo lo haces por tu filantropía no es cierto, y tampoco te beneficia.

Puede que detestes el dinero, o que prefieras una forma distinta de intercambio de bienes como puede ser el trueque, pero no estamos en ese momento de la Historia. El dinero es una herramienta y como tal no debe ser temida, infravalorada, ni despreciada. Hay muchísima bibliografía a tu disposición para que aprendas a reconciliarte con el dinero, si es que te causa problemas. Te invito a que eches mano de cualquier recurso que resulte útil para sacar de tu cabeza creencias como que el dinero es malo, que no te hace falta, que las personas ricas son malas, etc.

Pero en lo que se refiere a la comunicación consciente debes saber que también existe el dinero en su justa dimensión, como en cualquier otro campo. Cuanta mayor calidad tenga tu mensaje, tu coherencia interna, y tu aportación a los demás, mayores beneficios económicos obtendrás, y lo harás de manera alineada con tus principios. Es importante sanar la relación que tienes con el dinero para que las estrategias comunicativas no solo funcionen, sino que te reporten una ganancia económica. Al fin y al cabo, estás invirtiendo tiempo, formación, y práctica en tu estrategia de comunicación, y obtener a cambio una remuneración es lo justo. Atención a esto, lo justo, ni más ni menos. Para una comunicadora como es mi caso, puede resultar muy difícil establecer una tarifa cerrada. No es lo mismo presentar un programa de radio o televisión de lunes a viernes, que presentar un evento, o moderar un coloquio. Por desconocimiento, la gente tiende a regatear las tarifas que estableces por tu trabajo en comunicación, algo que padecen muchos sectores, y es que una gran parte no se ve. Eso por no hablar de la reputación del presentador o presentadora, por ejemplo, que es difícil de cuantificar. Por esa razón existe el caché, válido no solo para artistas o profesionales de la comunicación, sino también para creadores de contenido, o empresas. Es importante que tu caché esté alineado con tu misión y con tus creencias internas para que, a la hora de aplicar las tarifas que hayas delimitado, estas no sufran picos y bajadas en función del exterior, sino de tu propio criterio. Conocer el valor de la comunicación, lo que reporta una estrategia consciente y con vocación de servicio hacia los demás, sea intangible o tangible el beneficio que obtenga el público, es fundamental para eliminar ciertas inseguridades y miedos que surgen a la hora de planificar las tarifas de tus acciones. No debes ser una persona ingenua en este sentido, pero tampoco abusar o tratar como ingenuos a los demás. Primero deberás cultivar el respeto hacia tu ganancia económica de forma interna, para que ese respeto se vea reflejado en el exterior. Como tú te valores te valorarán, no lo olvides.

Beneficios sociales: integración, intercambio o cooperación

Que una persona o empresa se proponga como uno de sus objetivos el beneficio social mediante la comunicación consciente, es una de las acciones más poderosas para la consecución de otros objetivos de la lista con mayor eficacia. Un beneficio social puede ser la integración de personas o de una empresa en el tejido social. Por ejemplo, cuando se logra la convivencia pacífica entre diferentes culturas en un territorio determinado que interactúan entre sí. También cuando se promueve el intercambio o la cooperación para obtener un mayor alcance de cada una de las acciones comunicativas que se lleven a cabo. Es el ejemplo de madres y padres de un centro educativo que crean un grupo de WhatsApp para ofrecer libros de segunda mano que ya no utilizarán. Al tiempo que generan un diálogo alineado y consciente en torno al ahorro o la sostenibilidad del medioambiente, también crean una red de apoyo a escala que se transmuta para dar ejemplo al resto de la sociedad, a sus propios hijos y a la comunidad educativa.

Muchas asociaciones cuentan entre sus objetivos con la cooperación entre instituciones, colectivos y personas, aunque su público objetivo sea diferenciado. Es el caso de una cooperación que establecen una asociación que promueve los derechos y la protección de las mujeres y otra que lo hace respecto al colectivo LGTBIQ+. La visibilidad y el impacto del mensaje aumentan exponencialmente, y aportan a la sociedad en su conjunto una visión paralela y unificada, respecto a la de sus acciones como colectivos independientes.

Obtener autoridad en un campo

Puede que el objetivo primordial de nuestra comunicación sea la obtención de autoridad en un campo o sector concreto. En este sentido, la comunicación consciente puede ser el carácter diferenciador entre las personas que ya gozan de dicha autoridad. Se requiere un cierto grado de especialización y un conocimiento profundo de la materia objeto de ese campo o sector, algo que se puede adquirir mediante diversos ejes. La honestidad en el mensaje es crucial si se quiere obtener y mantener en el tiempo esa autoridad, dado que un discurso vacío o carente de verdad solo provocará el efecto contrario: denostar nuestra imagen y por ende todas las acciones y estrategias comunicativas que decidamos emprender.

Además de conocimiento, verdad y diferenciación, la autoridad tiene un componente de confianza, algo que por experiencia sabrás que se tarda en conseguir. Es importante apuntar que la confianza en la comunicación consciente precisa ser trabajada desde dentro hacia afuera, un trabajo para el que se requiere tiempo y paciencia. Las prisas son las peores consejeras de cualquier persona que pretenda llevar a cabo una acción consciente, y mucho menos si lo que se propone es destacar como «voz autorizada» en un área concreta.

Crecimiento de comunidad

¿Quién no ha suspirado alguna vez por lograr este ansiado objetivo? Es evidente que el crecimiento de una comunidad alrededor de una persona o empresa ofrece oportunidades difíciles de ignorar. Por desgracia suele ocurrir algo similar con este objetivo que con el de la ganancia económica, y es que pasa a convertirse en parte del mensaje, o bien este se ajusta para hacer crecer la comunidad como sea. No se trata de una acción inteligente a largo plazo, y mucho menos de una comunicación consciente el hecho de priorizar el crecimiento de una comunidad a costa de nuestra misión. Si actuamos de esta forma, más pronto que tarde acabaremos por desvirtuar por completo el sentido inicial de nuestra estrategia, y nos descubriremos un buen día copiando tendencias, y modas que nada tienen que ver con nuestro propósito. Esto ahuyentará poco a poco a la comunidad que sí creía en esa misión inicial, y nuestro público objetivo.

De manera habitual se da una paradoja respecto a esta meta en redes sociales, y es que muchas personas se suman a las tendencias del momento con el objetivo de hacer crecer su comunidad, y lo consiguen, en efecto. Atraen a más seguidores, pero no se dan cuenta de que por el sumidero están escapando quienes realmente sí estaban alineados con su misión, servicio, producto, o lo que sea. Por eso no es de extrañar ver cuentas a las que siguen miles de personas y que sin embargo interactúan muy poco, no establecen diálogos entre sí, y mucho menos están fidelizados al mensaje y la misión de dicha cuenta. Se ha desvirtuado por el camino de las modas. Por eso, cuando estas cuentas tratan de emprender alguna comunicación dirigida a la venta, por ejemplo, sus seguidores no compran.

Entregar sin esperar

Una de las mayores lecciones que me ha dado la vida ha sido el desapego a los resultados. Al igual que es importante trazar objetivos para no desviarnos de la ruta durante el camino, y tener claros cuáles son los siguientes pasos, es igual de importante no esperar a que lleguen determinados resultados. Puede que los resultados lleguen de formas inesperadas, que no nos habíamos imaginado incluso, porque podemos planificar la estrategia, las acciones y los objetivos, pero no predecir con exactitud los resultados. El desapego nos calma, aligera el peso de la incertidumbre, nos enseña que no hay nada importante que perder ni ganar, nos mantiene ecuánimes ante el fracaso y el éxito, y nos protege ante las tentaciones mundanas de la vida como la ambición, el poder, o la prepotencia, tan propias del ego. El ejemplo bien podría ser este mismo libro que estás leyendo, y que escribo bajo una misión, y unos objetivos asociados, pero lo que pase con él, si se vende o no, si gusta o no, si es juzgado o no, me es indiferente. Porque estoy alineada con ese propósito y con sus objetivos adyacentes, no con el resultado. Todo lo que ocurra con él, gracias a él, por él, o a partir de él, será un aprendizaje. El regalo es poder escribirlo para que recuerdes el poder de tu voz.

Apuntes clave

- Todos los objetivos que se propongan dentro de la estrategia de una comunicación consciente tienen en común la persecución de objetivos a medio y largo plazo, y huyen de la recompensa inmediata.
- Los objetivos no pueden convertirse en el eje central de la estrategia de comunicación, ya que invitan a subirse al carro de modas y tendencias que, poco a poco, desvirtúan el mensaje inicial, y ahuyentan a nuestro público objetivo.
- El planteamiento de objetivos dentro de la estrategia es fundamental con el fin de fijar una hoja de ruta y monitorizar el proceso comunicativo. Sin embargo, la atención no debe estar fija en la obtención de resultados, y en todo caso debe existir el desapego hacia los mismos. Así abrimos la posibilidad a resultados inesperados, y nos mantenemos ecuánimes ante el éxito y el fracaso, sin que ninguno pueda afectar nuestra misión inicial.

Entrenamiento

El entrenamiento es el gran olvidado en muchísimos aspectos de nuestra vida. Nos hemos vuelto personas sedentarias en el sentido más amplio de la palabra, algo que como es lógico tiene su traducción a la hora de comunicarse. Queremos un cuerpo tonificado y en forma, pero nos da pereza salir a caminar o al gimnasio, comemos más de lo que necesitamos por placer, dejamos que otros piensen, decidan y hagan por nosotros, queremos llegar a mayores con una salud óptima, pero solo prestamos atención a la salud física, delegamos las tareas más difíciles en personas que saben más o que están dispuestas a hacerlas, y así podría seguir hasta llenar varias páginas. La pereza es una negligencia contra nosotros mismos, y la toleramos con una tranquilidad pasmosa. Todas las personas hemos querido en algún momento saltarnos la parte práctica del asunto, porque hemos aprendido al dedillo la teoría. ¿Sabes cuál es el problema de eso? Por mucho que hayas estudiado cómo se hace una acrobacia, y conozcas sus aspectos técnicos al milímetro, hasta que no te caigas muchas veces, no serás capaz de dominarla. Y así con todo. Así que vamos a levantar las nalgas del sillón, ¿te parece?

A hacer se aprende haciendo

No sé cómo llenar este apartado porque ya te lo he dicho todo. Muy pocas personas, excepto aquellas que nacen con «el genio» en sus genes, son excelentes en lo que hacen sin antes haber trabajado, haberse caído y levantado muchas veces. Incluso los genios pasan por este proceso, aunque mucho más acelerado a lo largo de sus vidas. Llámese Albert Einstein, Nicola Tesla, Amy Winehouse, o Tony Robbins. ¿Crees que su talento lo es todo? Ojalá. Si el talento y el genio fueran garantía de éxito no veríamos tantos artistas buscándose los garbanzos en la calle, o cantantes ejerciendo de madres y cuidadoras, o escritoras en potencia escondidas tras la mampara de la oficina de una sucursal de un banco. He conocido a tantas personas que para ganarse la vida trabajan en su profesión u oficio, y rascan tiempo del que no tienen para dedicarle a lo que realmente les apasiona y son excelentes, que no creo que se trate de una cuestión solo de talento.

El talento puede existir o no (creo que todas las personas tienen talento en algo, aunque no lo hayan descubierto), pero la llave maestra para dominarlo es la dedicación. A la hora de comunicar sucede lo mismo. La televisión y la radio son buenos ejemplos si quieres pruebas. Busca a una locutora o presentador que te guste, escucha sus palabras y fíjate en sus movimientos durante su último programa. Ahora tira de hemeroteca y haz el esfuerzo de encontrar el archivo más antiguo que puedas de esa persona. ¿No se expresa igual, verdad? La experiencia es un grado, no por los años, sino por lo que se ha hecho durante ese tiempo. Hay personas sin motivación, ni talento, ni disciplina, ni ambición personal, que aprenden una fórmula y la aplican durante toda su vida en el mismo puesto de trabajo. Pero tú no eres esa persona, porque si no, no estarías aquí conmigo. Y si lo has sido, ya no quieres serlo más. ¡Enhorabuena!

Adopta el hábito de salir de tu zona de confort

Esto es, aceptar ese vértigo que te da cuando pruebas a hacer algo nuevo, que te apetece, pero te da canguelo. No es miedo, es vértigo. Emplea bien las palabras para que te enfrentes de la forma adecuada a las situaciones. Hay personas a las que les cuesta entablar conversaciones cara a cara. A otras les aterroriza exponer un trabajo o hacer una presentación en una reunión de oficina. Otras saben que necesitan promocionarse en los medios de comunicación, pero se paralizan cuando les llaman para una entrevista. Algunas quisieran participar de las reuniones de la comunidad o de una asociación, pero acaban callándose lo que piensan. Otras quisieran abrirse un hueco en la esfera digital mediante las redes sociales, pero les da pánico mostrarse. La única forma de desarrollar las capacidades comunicativas que requieren esas acciones es actuar. Acción. Ponerte a prueba. Simplemente hacerlo. Ponle el nombre que quieras. Pero si no das un primer paso, y luego otro, si siempre te estancas en el susurro, jamás lograrás expresarte en el ambiente, la situación o con las personas que desearías. Las barreras comunicativas ya no tienen que ver ni siquiera con el idioma. Con la tecnología a nuestro alcance podemos esforzarnos por comunicarnos con personas de otras lenguas, y así aprender cosas que realmente nos gustaría. Pero hay que transitar ese vértigo.

Como te decía, uno de mis sueños siempre ha sido vivir un tiempo en el extranjero para aprender inglés, pero nunca he tenido la oportunidad ni el dinero. Eso no me ha frenado para ver todas las películas que puedo en versión original subtitulada, buscar letras de canciones en inglés que me gustan e ir aprendiendo palabras, intentar hablar con algún que otro extranjero que viene de visita y anda perdido. El «es que yo no sé» ni se me pasa por la cabeza. Tengo más ganas de aprender que vértigo. Así que si de verdad quieres, vas a encontrar la forma de superar ese canguelo, créeme. La recompensa está más allá de él.

Práctica, práctica y práctica

Si tu ascenso laboral con el correspondiente aumento de salario dependiera de que entre tus nuevas funciones demostraras la capacidad de impartir charlas, ¿qué harías? Como si te oyera, estás asintiendo y diciéndote «pues claro que aceptaría». Permite que comparta contigo una sonrisa pícara. No es de maldad, te lo juro, pero ya he visto lo suficiente como para saber lo fácil que es decir sí, para al final terminar echándose para atrás con excusas del tipo «no quiero esa responsabilidad», «en realidad estoy bien donde estoy», «qué necesidad de exponerme», o «cómo lo voy a hacer si me da pánico». Pero ¿en tu cabeza habías respondido «sí», verdad? Es que suena muy bien eso del aumento, ¿cierto? Poderoso Caballero es don Dinero. ¿No habíamos quedado ya en que tu objetivo nunca tiene que ser la ganancia personal? ¿Es importante? Sí. Pero no es suficiente para superar algunas barreras. Hay métodos más seguros.

Puede darse el caso también de que aceptes, aunque no tengas ni idea de cómo lo vas a hacer. Esta me parece una actitud más apropiada ante la vida, atreverse aunque aún no tengas todo para alcanzar la excelencia. Al igual que la alternativa anterior es propia de una persona que piensa en pequeño y no se atreve, esta segunda opción puede llegar a resultar arriesgada e incluso temeraria. No pocas personas confían a ciegas en que «ya aprenderán» a hacer una vez dentro. Siento ser yo quien te baje de la nube, pero es que esto no se trata de decir mentiras. Algunas personas ya han recorrido un camino de adaptación al cambio a lo largo de sus vidas, con independencia de su edad, gracias al cual aceptar y aprender después es lo mejor que pueden hacer. Otras en cambio, apenas han salido de sus zonas seguras en ningún aspecto, y por lo tanto van a necesitar más tiempo y entrenamiento para adaptarse a la nueva situación, lo que implica esfuerzo y disciplina. Abundan las personas que se tienen en sobreestima, o lo que es lo mismo, se creen capaces de más de lo que pueden en realidad. Por lo general, este tipo de personas son las que ves como responsables de tal o cual departamento, o como superiores, y que te preguntas, «¿pero quién lo puso ahí, si no tiene ni idea?».

Una buena dosis de confianza es fundamental para desarrollarse en cualquier ámbito, también en la comunicación, siempre que vaya acompañado de otra cantidad similar de sentido común. Si sabes que la oratoria no es en absoluto tu punto fuerte, que te da pánico incluso, ¿por qué dices sí sin sentirte preparada? ¿Por el dinero? ¿Por el reconocimiento externo?

Antes de dar ese salto al vacío, me plantearía ciertas cosas como: ¿tengo tiempo y ganas de comprometerme a mejorar en oratoria? ¿Puede mi empresa costear un curso para que me forme en esta habilidad? ¿Puedo costearlo yo? ¿A quién, además de a mí, serviría que yo aprendiera más acerca de esta habilidad? Respondiendo a estas sencillas preguntas empiezas a aplicar el sentido común a tu decisión, y sobre todo analizas cuál será tu misión en adelante, y a qué te comprometes.

Las personas nos comunicamos constantemente. Si además le añades una carga extra en este sentido aparte de tu trabajo, que es donde pasas la mayor parte del tiempo, requerirá un compromiso por tu parte superior al del resto. Necesitarás práctica, práctica y práctica. Y en ese camino fallarás, por supuesto. Pero tú ya sabes el por qué es importante que asumas ese nuevo rol, tienes un plan sobre cómo lo harás, y eso evitará que tires la toalla a medio camino o incluso retrocedas varios puestos en el tablero de juego.

Es importante que las personas que tienen una visión de que su aportación beneficiará a alguien más que a sí mismos den un paso al frente, se formen, y asuman puestos de responsabilidad superiores. Porque hay gente muy egoísta y ególatra, con tal sentido del narcisismo dispuestas a decir «sí» solo por dinero, que cuando quieras darte cuenta estarás bajo su mando, haciendo cosas que no quieres hacer, solo por no haber dado un paso al frente.

Sin desviarme del tema, la comunicación consciente, que relaciona mensaje, significado, propósito o misión, voluntad de servicio, todo de forma coherente, requiere de mucha práctica y compromiso. Deberás aprender a expresarte de formas en las que nunca antes lo has hecho, y además con corrección. Tener presente en todo momento que tus palabras y la forma en la que las utilizas, construyen tu realidad y la de los que están a tu alrededor. No es cualquier cosa, pero merece la pena que la gente consciente aprenda también a utilizar la voz que tienen de esa misma manera.

Crear espacio e invertir tiempo

Soy una amante de los refranes (ya te habrás percatado), aunque tengo una extraña tendencia a cambiar el orden o las palabras en algunos, pero este me lo sé perfecto: «Vísteme despacio que tengo prisa». Ahora es cuando tú me dices, «ya, pero es que no tengo tiempo». Tienes que buscar el tiempo si quieres comunicarte de forma consciente. El tiempo es una ilusión que moldeamos a nuestro criterio, y que repartimos como trozos de una tarta en función de si nos cae mejor o peor la persona que recibirá el pedazo, más grande o más pequeño, respectivamente. Que conste que jamás he hecho algo así, «me lo contó una amiga».

Si algo distingue una comunicación consciente de una que no lo es, es el discernimiento entre lo urgente y lo importante. Lo urgente es lo que requiere, por norma general, la inercia del devenir. Pasan cosas y hay que contarlas rápido, aunque en menos de una semana ya se hayan olvidado. Lo importante es aquello que necesita ser comunicado, con detenimiento en las partes clave del mensaje, y ajustado a la corrección y la coherencia. Para lo importante no suele quedar tiempo. Perdón, me corrijo, no sabemos sacar tiempo. Ya que vivimos en este mundo, y ni tú ni yo tenemos la capacidad de cambiar su velocidad, tendremos que esmerarnos en discernir entre urgente e importante. Crear espacios para lo importante siempre, y cada vez con mayor asiduidad.

Los mensajes urgentes son necesarios con ocasión de una crisis, o un acontecimiento insólito inmediato, pero no ofrecen una información útil a nuestro interlocutor para su toma de decisiones trascendentes, que es donde queremos impactar de verdad con nuestro mensaje. No queremos que se pierda, queremos que perdure, y a ser posible que mejore de alguna forma la vida del receptor del mensaje.

Aquí entran en juego los mensajes importantes. Aquellos que marcan la diferencia a medio, corto y sobre todo a largo plazo. Cuando un mensaje es auténtico, coherente y está bien hecho, este causa un impacto duradero en el receptor, que le servirá en el futuro para tomar decisiones conscientes, alineadas con el mensaje que hemos transmitido. Bien sea porque es información relevante que colabora con su bienestar, con su desarrollo, con la toma de mejores decisiones, o cualquier otro motivo que se te ocurra y que intervenga de forma directa en su evolución como ser humano. Un motivo que marque la diferencia a medio y largo plazo en la vida de esa persona. Son los mensajes, por ejemplo, de campañas de concienciación animal, sobre métodos para reducir el consumo de plásticos, acerca de la salud física y mental de una persona, o incluso de su desarrollo espiritual.

Lo que suele pasar a menudo es que los mensajes urgentes del tipo sucesos, por ejemplo, o riñas políticas que no van a ninguna parte, o críticas a tal o cual famoso en redes sociales, son muy llamativas, veloces y cubren como una montaña los mensajes realmente importantes. No obstante, las personas buscamos cada vez más un estado de bienestar y serenidad. Un tipo de estado mental y físico que la urgencia no nos puede proporcionar, por lo que el proceso de centrar nuestra atención en mensajes de calado, importantes, debería ser nuestro foco aunque los resultados tarden un poco más en llegar.

Además de la velocidad y el tiempo, otro de los aspectos fundamentales a tener en cuenta en la comunicación consciente es el espacio. A esto en los libros periodísticos se le llama «la proximidad». Es decir, cuál es el espacio que necesito cubrir con mi mensaje. En el ejemplo que te puse de una emisora local, el espacio que ocupan los mensajes está acotado a una zona geográfica concreta. Lo mismo pasa con un negocio local, o con un profesional que ofrece sus servicios de forma presencial, alguien dedicado al mantenimiento de piscinas, por ejemplo. Su mensaje aumentará el porcentaje de efectividad cuanto más tome en cuenta incluir elementos presentes en ese espacio geográfico o territorial, con guiños a la cultura local, y referencias a zonas específicas. Si por el contrario tus receptores se encuentran en cualquier parte del mundo, debes adaptar el mensaje a ese espacio. El reto es el mismo tanto si se trata de un lugar más próximo como si se trata de un espacio internacional. Adaptar la velocidad de transmisión, el tiempo que le dedicas, y el espacio en el que se mueve tu mensaje es crucial para que sea efectivo.

Aunque suene repetitivo, déjame que insista en una idea. Cuidado con pensar que, por el mero hecho de tener redes sociales con miles o millones de seguidores, tienes a la comunidad correcta a la que transmitir tu mensaje. Hay cuentas con miles de seguidores que jamás comprarán un producto ni contratarán un servicio de esa persona. Porque su mensaje no es coherente con su misión, y está atrayendo al público equivocado por motivos incorrectos. Una atracción muy patente en las redes sociales es la que proyectan las personas atractivas o que se adaptan a cánones estéticos específicos. A no ser que seas modelo, créeme, tu físico no se convertirá en ventas o contratos, y mucho menos escucharán lo que quieres decir si todo lo que explotas es esa faceta de ti. Por cierto, una faceta muy válida, siempre y cuando no entorpezca tu misión, entonces solo será un estorbo.

Puntos de encuentro

La base de una comunicación consciente es inclusiva, de escucha activa, y propensa a la búsqueda de puntos de encuentro. Incluso ante el odio o las críticas tan presentes en las redes sociales, la constante búsqueda de puntos de encuentro entre las partes implicadas en el diálogo neutraliza la crispación. En ocasiones es suficiente con no reaccionar ante provocaciones o faltas de respeto, las cuales están en el polo opuesto de la comunicación consciente. No obstante, y esto tiene mucho de psicología, pueden llegar a menoscabar la autoestima de la persona más segura de sí misma. En estos casos, es bueno entrenar también la habilidad de localizar los puntos de encuentro entre las personas, por muy radicales que puedan llegar a ser algunos planteamientos.

Esto no significa que tras un perfil anónimo o público en redes sociales, «todo vale». Significa que la reacción ante una falta de respeto o una provocación que incita al odio solo logrará más aún. Si tomamos conciencia de lo poderosas que son las palabras, advertimos que lo son tanto si se usan para el bien como si se emplean con el objetivo de herir. Por lo tanto, la respuesta a una crítica destructiva o a un comentario ofensivo debería ser lo opuesto, su antítesis. Por ejemplo, un comentario de agradecimiento o un halago. Quiero explicar bien esta parte.

Alguna que otra vez he recibido el famoso *hate* u odio a través de comentarios en redes sociales, los cuales por supuesto también leo, pues soy responsable de los diálogos que se generan en mi propia comunidad digital, sea ésta más grande o más pequeña. Todos y cada uno de los comentarios, diálogos, propuestas, críticas, los leo de la misma forma: sin juicio inicial. Tratando de escuchar y comprender el fondo del mensaje, de empatizar con el emisor del mensaje, en otras palabras. Alguien escribió en uno de mis *reels* algo relativo a mi acento, y esputó que por qué no dejaba de hablar en un canario neutro. Con sinceridad diré que el comentario me tentó la risa, a mí sí, aunque entiendo que a otras personas les pueda llegar a afectar. La risa me la provocó el hecho de que yo ni siquiera conozco la diferencia entre un canario neutro y un canario no neutro. Hablo como hablo, y siempre ha sido así. Por tanto, es como si alguien me pidiera que dejara de medir de una vez 1,59 mts para medir 1,70 mts. Antinatural, ¿no? Pues ese fue el origen de mi risa. El caso es que la persona no se estaba refiriendo al mensaje en sí que yo trataba de trasladar en ese *reel*, pero se conoce que mi forma de hablar le supuso tal revoltura interior que se vio en la necesidad de dejarlo plasmado en un comentario bien público. Algo que me parece genial, oye, tampoco es que me faltara al respeto, y si se queda más tranquilo, pues estupendo. No sé lo que estarás pensando tú respecto a ese comentario, pero yo presté mucha atención para escuchar bien lo que quería decirme, rascar en el fondo, no en la forma del mensaje. En pocos segundos comprendí lo que había ocurrido. Esta persona se sentía acomplejada de su propio acento, supongo que canario, y por tanto se vio en la necesidad de transmitirme lo que tanto le atormentaba. Su comentario, su crítica, o como lo quieras llamar, no tiene nada que ver conmigo, sino con sus inseguridades. Al darte cuenta de esto, créeme, las ganas de contestar de forma impulsiva se convierten en compasión por una persona que no se siente escuchada, valorada, ni por los demás, ni por sí misma. Ya no hay ganas de contestar, no hay «odio» real, al menos no hacia mi persona.

Pues así con todo. El anonimato que respalda muchas veces las comunicaciones a través del entorno digital es el vehículo que utilizan muchas personas para volcar sus propios complejos, inseguridades, desavenencias con la vida, y retos personales que superar. Sobre todo cuando demuestran que poco o nada han escuchado tu mensaje. Ante estos casos, si se entiende el fundamento, no vale la pena perder ni un segundo de energía en contestar.

En otra ocasión, pasó algo parecido, aunque esta vez la persona que escribió el comentario sí parecía haber escuchado de forma parcial el mensaje que yo había lanzado. Contesté una única vez, agradeciendo su aportación y haciéndome responsable de los aspectos en los que yo misma debo trabajar. Mi respuesta dio pie al autor del comentario y a otros tantos a sumarse a las críticas hacia mí, dando vueltas y piruetas para argumentar sus críticas. Como en el caso anterior, yo ya no tenía nada que explicar ni aportar. En cambio, una usuaria salió en mi defensa hasta en dos ocasiones, replicando a las personas que trataban de atacar, de forma sibilina pero evidente. Como te decía, es mi responsabilidad moderar los diálogos que se generan en torno a mi comunidad, así que decidí escribir a esta chica por privado a su cuenta de Instagram. Le di las gracias por su férrea defensa de mis argumentos, pero le pedí que no continuara dando cuerda a estas personas, y le expliqué lo mismo que te estoy contando hoy a ti. Cuando una persona critica, juzga o ataca, está evidenciando sus propias carencias. Eso no tiene nada que ver contigo. Lo que necesitamos comprender las personas acerca de la comunicación consciente es que los juicios y críticas destructivas se vuelven siempre contra la persona que las emite, por lo que intenta evitar estas prácticas a toda costa, tanto en tu diálogo interno como externo, por favor. Juzgar a los demás implementa en nuestro sistema mental un programa que se activa cuando percibimos ese hecho que tanto nos repugna, y que está en primera instancia, dentro de nosotros. Por lo tanto, los juicios y las críticas construyen la jaula en la que vive una persona, imposibilitada por sí misma a salir de ella por miedo a que le hagan lo mismo que ella ha hecho. ¿Comprendes? A veces sólo con comprender, la crítica se contesta sola.

Como en todo, hay excepciones a ese estado de serenidad ideal, por supuesto. Todas hemos actuado desde la impulsividad en algún momento, bien sea en la crítica o en la respuesta a ella. Nadie pretende que te vuelvas María Teresa de Calcuta de la noche a la mañana. Se trata de que conozcas estas herramientas para que vayas trabajando con ellas día tras día, y cada vez te vuelvas más experta en el arte de entender y comprender, en lugar de reaccionar y generar más odio.

Ante faltas de respeto, insultos, vejaciones, humillaciones, acoso, o todas aquellas palabras que traspasan el límite de la libertad de expresión para generar un debate constructivo no basta con no responder. Borra, denuncia, bloquea, y sigue tu camino. Recuerda la célebre frase del político y escritor Edmund Burke en la que afirmó que «para que triunfe el mal, basta con que los hombres de bien no hagan nada», algo que una servidora traduciría como «para que la maldad gane, solo basta con que la bondad no haga nada». No todo vale, y esto tiene que quedar claro también en tu forma de comunicarte con los demás y en los diálogos que estableces con otras personas. Lo mismo aplica al entorno analógico que al digital, el respeto es la premisa número uno en cualquier aspecto de la vida. Y esto no necesito justificarlo ni repetirlo. Es educación, es salud mental, es ejemplo, y punto. No hay negociación posible.

Apuntes clave

- Tanto si tienes identificado algún talento propio como si no, la mejor herramienta es siempre hacer aquello que precisas para comunicar de forma consciente. Aceptar los errores como parte del aprendizaje es fundamental, y mientras actúas, los talentos irán apareciendo y desarrollándose.

- Las mentes más poderosas y que logran resultados distintos son las que se atreven. Esto no se trata de que te tires sin red al vacío, sino de que identifiques tus debilidades y fortalezas para dar un paso hacia adelante cuando la situación lo requiera.

- La disciplina y la práctica lo son todo en cualquier aspecto de la vida, también en la comunicación. Con independencia de tus objetivos, establece tu entrenamiento y práctica como algo habitual en tu día a día.

- Aprende a distinguir entre lo urgente y lo importante, para que puedas crear espacio y tiempo que invertir en lo que sí marcará una diferencia a medio y largo plazo en la vida de otras personas.

- Antes de contribuir a la crispación o el odio, bucea y analiza las causas ocultas en los mensajes de este tipo, para que puedas hallar los puntos de encuentro con las personas que los emiten.

Divisiones

Hablar de puntos de encuentro es fácil, pero a la hora de la verdad no lo es tanto encontrarlos. Se debe a que nos falta una parte de la ecuación fundamental, y es sacar a la luz nuestras vergüenzas como sociedad e individuos. Las tensiones, malos entendidos, rencores y odio en general, se fraguan a fuego lento, y llevan haciéndolo bajo nuestro permiso durante mucho tiempo. Tenemos que retirar esa autorización con urgencia, y además sin anestesia.

El mismo desencanto hacia la política, los medios de comunicación, los creadores de contenidos, los movimientos sociales, o la publicidad que hayas podido sentir tú la he sentido yo también. Hablo de ese rechazo profundo que a veces nos genera escuchar las noticias solo para almorzar tragedias, de un vídeo tras otro intentando vendernos algo, de manifestaciones y gritos jaleando contra quienes lo hacen mal. Señalar se nos da muy bien, señalarnos, no tanto. Por eso te propongo un ejercicio introspectivo respecto a la forma que tenemos de comunicarnos desde distintos ámbitos, que por su relevancia social, asienta y alienta esas corrientes de odio y crítica que nos están llevando a la división constante. Es un reto a superar, y de cada persona depende afrontarlo de manera responsable y consciente.

Política

No recuerdo la cantidad de veces que he dicho «es importante ir a votar», y la respuesta ha sido «¿para qué? Si después hacen lo que quieren, se juntan con quien quieren». Otra medio verdad recurrente para eximirnos de toda responsabilidad en la ecuación política. Las personas que ostentan cargos públicos un buen día decidieron dar un paso al frente, afiliarse a tal o cual partido, hasta que han llegado al cargo político resultante de las urnas. ¿El proceso era así no? Al menos en democracia. Puestos a tomar las riendas, en la medida de lo posible, planteo la siguiente pregunta: ¿de dónde salen esas personas? Sí, de la sociedad.

Son personas como tú y como yo que, por vocación, ambición, o tradición, decidieron dar un paso al frente en el difícil arte de la gestión pública. Por lo tanto, no es que la sociedad sea un reflejo de la clase política que tenemos, es al contrario. La representación política de cada territorio, de cada nación, y de cada momento en la historia, es un reflejo de la sociedad tal cual es. Lo que pasa es que esto cuesta más encajarlo. A mí también me da un pinchacito en el estómago de pensarlo, no te creas. Pero si hay un mal gestor al frente de la institución, no es únicamente por los pactos, cada vez más extravagantes e insólitos, que se gestan una vez hecho el recuento de votos. Lo que ocurre es que quejarnos es más fácil, renunciar al derecho conquistado por nuestros antepasados con sangre, sudor y lágrimas para que hoy podamos votar, es cómodo. He aquí la vergüenza número uno, y a la que necesitamos prestar atención con urgencia.

No pocas buenas personas en la gestión pública han decidido marcharse tras comprobar desde dentro la podredumbre cabalgante. Esa misma podredumbre y corrupción que no queremos ver en una sociedad mal educada, incívica, capaz de pisar al otro para escalar sin remordimientos, miedosa, ociosa y libertina, que no es lo mismo que libre. Para ser libre se requieren valores y una ética que, si soy sincera, echo de menos demasiado a menudo en un día cualquiera. Por desgracia, no tengo la receta mágica para extirpar esa parte de la clase política que nos avergüenza y nos atrasa como sociedad. ¡Ojalá! Lo que sí tengo es un punto de partida para dejar de quejarme y asumir que en realidad sí que tenemos responsabilidad social en ello. Ser conscientes de esta triste y dura realidad, es el primer paso para que las personas correctas, más inteligentes que quien escribe estas palabras, den un paso adelante y enfrenten junto al resto de la sociedad esta lacra que nos carcome, nos desorienta y nos divide.

Comunicación en movimientos y organizaciones

Las divisiones que más me preocupan desde hace cerca de una década no son las que provoca la política, sino las que emergen mediante los movimientos sociales y determinadas organizaciones. Es cierto que la clase política ha encontrado un punto de fuga entre estas nuevas corrientes de pensamiento, apropiándose de ellas y utilizándolas como arma arrojadiza.

Pero nacen de la mismísima sociedad, y del descontento hacia ciertas formas de hacer las cosas.

Soy amante de la naturaleza y los animales, una mujer que se ha enfrentado y continúa enfrentando cada día situaciones machistas, misóginas, y de falta de ecuanimidad, entre otras. Y sin embargo nunca he dado el paso, ni lo daré de momento, para identificarme dentro de ciertos movimientos u organizaciones que luchan por derechos necesarios, pero de una forma que solo genera rechazo y fomenta el odio. Es la realidad. No me representan gritos y violencia en las calles contra mis iguales, hombres, mujeres, animales, territorio, o cualquier motivo que se nos pueda venir a la mente. Prefiero utilizar lápiz y papel. De hecho, prefiero renunciar a la palabra lucha. Más bien me gusta el «a favor» del que María Teresa de Calcuta era devota. Una mujer que se negaba a participar en concentraciones «en contra» de la guerra, pero sí «a favor» de la paz. Poderosas las palabras que construyen el pensamiento, ¿no crees? Si algo tengo claro es que la lucha alimenta la lucha, la violencia a la violencia, el odio al odio, la crítica a la crítica, y no tengo intención alguna de alimentar a ninguno de esos monstruos.

Soy feminista, pero no quiero participar en una manifestación donde se mete a todos los hombres en el mismo saco como a criminales y se les excluye de la conquista por los derechos, los necesitamos. Soy animalista, pero no quiero participar del acoso y derribo contra personas que, en un alto porcentaje, no son malas, solo son ignorantes. En el ejemplo de los animales, nuestros antecesores aprendieron ciertas formas de tratarlos para cosechar los campos, cazar, o vigilar sus terrenos. ¿He dicho ya que soy de campo? Sí, lo he dicho. Pues es un tema que me toca de cerca. Me he criado con esas viejas costumbres, y reconozco en ellas los errores, porque pertenezco a una generación diferente. Eso nunca será un motivo para odiar o crucificar a quienes lo hacen mal. ¿Sabes por qué? Porque nadie les enseñó a hacerlo de otra manera.

En mi entorno más cercano, me he dedicado desde siempre a enseñar con el ejemplo, a explicar a personas mayores que yo, con costumbres adquiridas de muchas generaciones atrás, que hay otras formas de hacer las cosas. Abrir sus mentes desde la amabilidad y el respeto a sus costumbres, para que comprendan por qué fallan sus prácticas respecto al trato hacia los animales, por qué ya no es necesario que sigan aplicando viejas y crueles prácticas, y lo más importante, cuánto amor pueden recibir de estos seres si se prestan a escuchar. La totalidad de las personas con las que he aplicado esto han cambiado su forma de relacionarse con los animales, e incluso con el territorio. Porque nunca vociferé, ni insulté, ni agredí, ni falté al respeto a lo que para ellos es una tradición. Es difícil y duro, cuando se llega a ciertas edades, o cuando se ha sido criado de cierta manera, cambiar. Porque es verdad que hay personas tan jóvenes o más que yo que siguen maltratando a los animales. Pero insisto en que el camino no es maltratar también a esas personas, sino buscar puntos de encuentro y hacerles entender que hay otra forma de hacer las cosas, desde el respeto y la empatía hacia sus pensamientos arraigados sobre un asunto tan delicado. Hay una diferencia abismal entre un proceder y otro, uno genera rechazo, y el otro entendimiento.

Competencia profesional y empresarial

Esta es una de las divisiones más absurdas y al tiempo agresivas que vivimos como sociedad cada día con total impunidad. Tiene mucho que ver, por cierto, con el reflejo que vemos en nuestros representantes políticos. Sí, sé que son verdades incómodas, pero vamos a limpiarlas bien con alcohol para que sanen de una vez y podamos avanzar. Que ya sabemos que estamos hasta la coronilla de hartazgo, pero si seguimos sin hacer nada y cerrando los ojos a la verdad, solo nos convertimos en cómplices de la propagación de toda esta basura inservible.

La existencia de competencia profesional y también entre empresas es una creencia, no una realidad. De hecho, es una creencia propia de la carencia, de un pensamiento miserable que nos lleva, como no puede ser de otra manera, a comportamientos mediocres. ¿Quieres ser mediocre? Lo imaginaba, yo tampoco. Por eso nunca he creído que alguien fuera competencia para mí a nivel profesional, y tampoco creo que las empresas compitan unas con otras por un mercado. Con 7,9 miles de millones de personas en el mundo, ¿alguien puede creer que no hay suficiente mercado para todos? Puede que en el pasado tuviera cierta lógica tal creencia, dadas las limitaciones geográficas, logísticas, y tecnológicas. Pero esta excusa, porque es una excusa, no tiene ninguna validez ahora.

Me atrevería a decir que nunca fue del todo real, en tanto las empresas y profesionales con más éxito por lo general eran referentes no solo en sus campos de trabajo, sino en su mentalidad y formas de desempeñar sus acciones para con la sociedad. La creatividad y el talento son claves para la innovación, pero también el atrevimiento. La ambición sana por crear algo diferente siempre ha existido entre profesionales y empresas, al igual que la insana. Para medir el nivel de éxito si se quiere, de estos ejemplos en el pasado, basta con remitirse a la ya citada frase de Lincoln.

En la coyuntura actual, que se reviste de incertidumbre y juega con la necesidad y los miedos de las personas, esa creencia de que alguien nos puede robar nuestro puesto, o una empresa compite con otra por el mismo mercado no es válida. Una de las cosas buenas que ha traído consigo el desarrollo tecnológico es precisamente el acceso a otras formas de pensamiento, a mentalidades del pasado y del presente, a mentes visionarias que enseñan cómo transformar la realidad de nuestro entorno con una auténtica voluntad de servicio, lo que como consecuencia atrae beneficios, y no al revés. La ganancia, del tipo que sea, nunca viene antes que el trabajo y el buen hacer. Y si nos ponemos exquisitos ya podríamos nombrar las múltiples oportunidades de negocio, formación continua, y facilidades en los procesos y movimientos logísticos o de producción. Quien lo sabe aprovechar y no se deja atormentar por el miedo y la incertidumbre es quien avanza y hace que la sociedad avance también.

Por eso buscamos esas voces, a través de los libros, de conferencias, de pequeños vídeos motivacionales en redes sociales. Sentimos la tentación porque somos capaces de reconocer que saben algo que nosotros no. Y esa es la auténtica clave detrás de cada palabra motivadora o inspiradora, que la seguridad es una ilusión. Cuando se comprende esto, la mente suelta el lastre de la incertidumbre y el miedo, porque si nada es seguro, no tiene sentido mantenerlo. Ahí ocurre el milagro, y la mente se abre para captar como una esponja todo lo que hay a su alrededor. Empieza a escuchar las necesidades de otras personas, y olvida el ego *ombliguista* que muchas veces dirige sus acciones. Es cuando asumimos nuestra responsabilidad en actuar acorde a nuestros valores, y coherencia interna, cuando entregamos al mundo algo valioso e irrepetible. ¿Cuántas veces has leído la frase de que las personas son reemplazables pero no repetibles? Lo que pocas personas entienden es qué las hace irrepetibles. Es su voz. Es la expresión de sus pensamientos mediante palabras y cómo estas impactan a su vez en los demás generando bienestar, armonía, tranquilidad, sosiego, certidumbre y sensatez.

La mayor felicidad que he sentido como persona no ha sido precisamente en un momento alegre, ha sido cuando me he sentido tranquila, y en ocasiones esa tranquilidad la pueden proporcionar otras personas. Al decir «te entiendo», «reconozco tu valor», «estoy aquí», «te apoyo incondicionalmente», «perdón», o «gracias». Palabras de alto valor que impactan directamente en el corazón. Casi no hay tiempo de que pasen por el raciocinio de la mente. Van directas al núcleo central de las emociones.

Permíteme utilizar esas palabras contigo: «lo estás haciendo bien, lo mejor que puedes y eso es más que suficiente. Es muchísimo. Y aunque las cosas no salgan como esperas, mientras sigas creyendo en ti, siempre existirá alguien que te comprenda, te valore, y te ame». Ese alguien eres tú, por cierto. No necesitas a nadie más.

Más de una vez me han dicho que si no me preocupaba que otras personas «me quitaran» mi puesto de trabajo, o que «lo hagan mejor» que yo, o que las elijan «antes que a mí». Por el motivo que fuera, bien porque cobran menos que yo, o porque son más jóvenes que yo, o con más experiencia, o con otras habilidades, o porque se han dedicado a desempeñar ese trabajo concreto toda la vida y son populares. Esta suele ser una expresión habitual de los miedos propios de la persona que «te advierte» sobre este tipo de cosas, pero nunca han tenido nada que ver conmigo. Elijo no vivir con sus miedos, ni con otros que no sean los míos (porque como ser humano, también los tengo y libro mis propias batallas). El caso es que muchas personas y empresas viven con esta mentalidad 24/7 los 365 días del año. Es agotador, a la par que inútil, cuando comprendes que nadie puede quitarte el sitio que es para ti. Aquel en el que encajas, en el que eres más útil para otros individuos, en el que te sientes tranquila, y gozas de la confianza de que estás haciendo lo que tienes que hacer y de la manera en la que tú consideras que lo tienes que hacer. Cuando comprendes que hay un lugar para cada persona. No estamos en el juego de la sillita.

Esta creencia de escasez se combate con autoestima, que es un bien propio de las mentalidades abundantes. Una mente miserable siempre vivirá con el miedo de que le quiten, que le roben, que le humillen, que se burlen, que le ganen, que le sustituyan, y que pierda. Una mente alineada con su misión no dispone siquiera del tiempo para prestar atención a esas menudencias. Son susurros de un mundo que no es el suyo, porque toda su atención está fija en algo superior a sí mismas, y por poco que sea el beneficio, lo valorarán de tal forma que parecerá que han ganado la lotería. Mientras tanto, las mentes pequeñas suspirarán en secreto por el éxito de esa persona con mentalidad de abundancia, sin darse cuenta de que su éxito nada tiene que ver con algo que se vea en el exterior. La ilusión externa es muy brillante, pero todo está por dentro. Es cómo lo siente y lo vive, no lo que obtiene, lo que hace a una persona abundante.

En el día a día

Lo recuerdo como si fuera hoy. Un día mi madre nos recogió del colegio a mi hermana y a mí, y no recuerdo cuál, pero para alguna de las dos había sido un mal día. Tenía que ver con que algunos compañeros de clase se metían con nosotras, se burlaban o nos hacían maldades. Algunas más graves que otras. Nos llevamos dos años mi hermana y yo, así que nuestras experiencias estudiantiles podían equipararse a la perfección en aquellos momentos. Mientras nosotras nos quejábamos en el coche de camino a casa, enrabietadas por las injusticias, mi madre solo nos escuchaba. Hasta que entramos en bucle y nos dijo «ahora voy a hablar yo», y nos callamos para escuchar.

Entonces nos explicó que conocía a las madres y los padres de algunos de ellos, y nos instó a prestar atención a sus historias. Algunos se estaban divorciando, otros eran violentos en casa con sus hijos, muchos de esos pequeños se pasaban el día en la calle porque nadie les prestaba atención y se veían expuestos a situaciones impropias de su edad sin conocimiento de sus progenitores, y así sucesivamente. Solo recuerdo que dejamos de quejarnos de inmediato, y la pregunta que le lanzamos a mi madre fue: «¿Y por qué lo pagan con nosotras?». Ella nos hizo reflexionar sobre las diferencias que esos niños y niñas podían detectar en la forma en que nos trataban mi madre y mi padre respecto a los suyos. Ese tipo de cosas no pasan inadvertidas para los críos, aunque pensemos que sí. Nosotras teníamos cariño, atención, vivíamos felices en el campo, mamá nos llevaba a nuestras actividades extraescolares que encima habíamos elegido nosotras, no ellos, cosa que suele ser muy habitual, forzar a los hijos a que aprendan habilidades y se formen en lo que los padres quieren sin prestar la más mínima atención a las preferencias de sus retoños. ¿Te suena la historia?

Mi madre se dio cuenta de que era hora de que aprendiéramos que los ataques y críticas de nuestros iguales no tenían nada que ver con nosotras, sino con sus propias situaciones personales. Esa mujer nos hizo clic en nuestras cabezas para que nunca más volviéramos a sentir rabia o impulsividad a la hora de defendernos con la misma violencia o acritud que nos atacaban. Nos conminó a entender antes de reaccionar, para que de un plumazo se borrara cualquier inquina de nuestros corazones.

Te cuento esto para que comprendas que en el día a día suceden muchas cosas entre las personas, a través de la comunicación verbal y no verbal, que pueden agradar o desagradar. Unas veces podemos estar en el equipo de los críos que patalean y pegan a otros, y otro día en el de los que entienden. Te sugeriría que buscaras siempre mantenerte en el segundo equipo, es el ganador. Esto no significa que no sintamos miedo o recelo en un momento dado hacia otras personas, o que no experimentemos inseguridad o celos, incluso orgullo o prepotencia. Todas estas emociones y sentimientos son indicadores para que cambiemos la dirección o la perspectiva. Para que nos detengamos un momento a pensar en qué equipo estamos y por qué. ¿Por qué sientes celos hacia esa persona? ¿Qué es lo que te provoca tanta inseguridad? ¿Qué parte no entiendes o te parece injusta de lo que ha dicho? Las acciones que se emprenden bajo este tipo de preguntas buscan el punto de encuentro, y no la división.

Cuando algo te altera, pregúntate qué es. «Acaso esa persona tiene cierto tipo de habilidades profesionales que yo no, y me da miedo que en caso de que la empresa prescinda de alguien sea de mí». ¿Puedes y quieres trabajar esas habilidades? Hazlo. «Acaso siento celos del físico de alguien porque creo que yo no tengo esos atributos y por eso no se fijarán en mí». ¿Esa persona trabaja e invierte en cuidar su físico? ¿Lo haces tú? Ahora que sabes qué es lo que te lleva a sentir celos, y te miras al espejo con sinceridad, ¿ves necesario trabajar en eso? Las respuestas pueden ser muy variadas. Puede que sólo con detectar y poner nombre a eso que te altera de otra persona la inquina se esfume por sí misma. Puede que al comprender su situación entiendas su comportamiento. Puede que al transformar tus celos y miedos en admiración puedas trabajar en esas habilidades que te llaman la atención y crees necesarias para lograr una mejor calidad de vida. Para sentirte bien y realizada.

Cuando alguien se encuentra en un estado de bienestar, y esto no quiere decir exento de problemas, sino que está actuando desde su coherencia interna y poniendo a su servicio todas las herramientas de las que dispone, empieza a comprender a los demás, y los puntos de discordia se acortan hasta desaparecer.

Hay espacio para todas las personas en esta vida, en este mundo, en los corazones de nuestros seres queridos, en las oportunidades que se presentan, en las formas que elijamos para crecer personal y profesionalmente. Adopta este pensamiento como una creencia real, palpable en tu vida. Crea espacio para proporcionarte bienestar, y estar alienada contigo, y verás cómo se curan las fisuras a las que menos atención prestamos, y que son en cambio las más importantes: de persona a persona.

Apuntes clave

- Aunque la desafección hacia la Política y sus representantes es real y tiene muchos vértices, el más importante es que se trata de personas salidas de la sociedad. Por lo tanto, las personas dedicadas a la política son un reflejo de la sociedad, y no al revés.
- Colectivos, asociaciones, movimientos sociales y organizaciones deben ser conscientes de los diálogos que establecen entre sí y con la ciudadanía, para impedir que sus premisas se conviertan en armas arrojadizas o propagadoras de odio y división.
- En la actualidad hay tantas oportunidades profesionales y empresariales como creatividad exista para resolver los múltiples problemas y retos de la ciudadanía. Por tanto, es fundamental desechar la creencia de la existencia de competidores, y centrar los esfuerzos en la misión en curso.
- Aunque la comunicación interpersonal cotidiana pueda parecer la menos importante, es la base de todas las demás, como una pirámide. Cuidar los diálogos con nuestros interlocutores en el día a día es fundamental para reducir las divisiones y la crispación, y llegar a puntos de entendimiento comunes.

Límites

Al principio del libro abordamos las primeras barreras que frenan el proceso de una comunicación consciente, pero a lo largo de las páginas has ido conociendo herramientas, has reflexionado, y has podido comprender explicaciones y formas que poco a poco van ocupando su espacio en tu mente. Aunque una de las partes más complicadas dentro del proceso comunicativo se supera en esas primeras fases, aún quedan obstáculos y límites que rebasar para que nuestro mensaje sea efectivo, y podamos desarrollar nuestras habilidades comunicativas más allá incluso de lo que ahora creemos posible.

Inseguridades y dudas

El proceso hacia una comunicación consciente no está exento de limitaciones a la hora de su aplicación real. Es un camino plagado de inseguridad y dudas, al no saber con certeza si está funcionando. Para superar este límite es bueno dar tiempo al tiempo, y ser paciente. Conviértete en observadora de los efectos de tus palabras y lleva un registro mental o por escrito de qué pasa cuando utilizas un lenguaje consciente y alineado.

La paciencia es tu mejor aliada, porque la gente necesita tiempo para procesar lo que está escuchando, la información que está recibiendo. Están decidiendo si otorgarte su confianza o no. Si eres una persona digna de credibilidad. Paciencia y confianza en el proceso, sin dormirse en los laureles. Puede sonar ridículo, pero es lo que hacen los estudios de medios, por ejemplo. Monitorizar las audiencias para conocer qué edades tienen los públicos, qué formatos o programas prefieren, con qué mensajes se sienten más representados, etc. La mejor forma de disipar dudas e inseguridades es llevar tu propio registro, como un diario o *journal*, cuando empieces a aplicar las herramientas hacia una comunicación más consciente, y anotar cualquier pequeño cambio que notes en tu público o interlocutor.

Reconocimiento externo

Muchas personas se echan para atrás, pese a conocer los beneficios que obtendrían comunicándose de forma consciente, porque les falta reconocimiento externo. Es decir, requieren de alguien que les diga que todo está bien para ponerse en marcha. El reconocimiento externo es un freno a tu creatividad y a tus pasiones, lo sé por experiencia. Muy a mi pesar, una de mis batallas diarias desde que tengo uso de razón, agravada por la exposición que requiere mi trabajo, es la necesidad de reconocimiento externo para dar pequeños y grandes pasos. Preguntar si es correcto esto que voy a decir, o si debería callar esto otro, o cómo debería decirlo, son cuestiones recurrentes en mi vida, que me han frenado más de lo que me han ayudado.

Al vivir tan pendiente del reconocimiento externo, limitas tus capacidades con tal de encajar en el hueco que se le antoje a otras personas, y puede que te quede grande o pequeño. Pero como tú vives a la espera de que reconozcan tus logros, o tus virtudes, o tu buen hacer, nunca actúas desde la autenticidad. La forma en la que trato de lidiar con esto es a través de la concentración profunda. Puedes meditar si quieres, es de gran ayuda, pero no imprescindible. Cuando digo que te concentres es que pienses en la conversación, el diálogo, el texto, el copy, la reflexión o lo que quieras compartir, en silencio y en soledad. Una vez lo tengas en mente, puedes hacer una lista mental o escrita de los pros y los contras, las reacciones que podría generar dicha comunicación. Sopesa si es mayor el servicio que aporta a los demás, sobre los contras que puedan surgir, y si es así, reconoce tú la validez del mensaje. Compártelo sin esperar una validación externa, y tampoco la esperes.

El reconocimiento externo es algo tan subjetivo como los gustos culinarios de una persona, y dejar tu forma de sentir, de hablar y de comunicarte en manos de otros solo te llevará a actuar con incoherencia. Y para más inri, si te sale mal, no podrás echarle la culpa a nadie, «porque nadie te lo pidió», y tendrán razón. Nadie te pide que seas lo que no eres (aunque en secreto lo esperen), por lo tanto toda la validación y el reconocimiento que necesitas ya están dentro de ti. Tú ya sabes lo que tienes que decir, por qué, cómo y a quién. Te lo has currado y lo sabes mejor que nadie. ¿Quién controla mejor el Trabajo de Fin de Carrera que tú misma que lo has elaborado? Nadie es más experta en cada una de las palabras, hipótesis y conclusiones de lo que tú lo eres. Así que confía en ti, en tus capacidades, en tu esfuerzo, y el reconocimiento externo pasará a un segundo plano.

Falta de presupuesto

Depende del tipo de comunicación que quieras hacer, el presupuesto cobra más o menos peso, eso es obvio. Pero creo que el presupuesto es algo superfluo en comparación con el resto de los conceptos que hemos ido abordando a lo largo de estas páginas. Hoy en día la cuestión presupuestaria es casi irrisoria si la comparamos con el coste de elaborar un mensaje hace unos pocos años (muchas veces contratando a profesionales o agencias externas). Aunque la externalización y el asesoramiento siguen vigentes, tienen un coste que no todas las personas se pueden permitir. Pero la cantidad de recursos gratuitos disponibles, como tutoriales en plataformas tales como YouTube, o blogs especializados, por ejemplo, pueden ser un buen punto de partida para enfocarte en un aspecto concreto de la comunicación más formal que quieras trabajar. En cuanto a la difusión del mensaje a través de canales convencionales como televisión, radio y prensa, los costes siguen siendo elevados, no así en las redes sociales y plataformas digitales que ofrecen desde planes gratuitos, hasta planes premium según las necesidades de tu proyecto.

Bombeo creativo

Hablando de presupuesto, y con la ingente cantidad de recursos a nuestra disposición, creo que las posibles carencias dinerarias se suplen con una buena dosis de creatividad. A veces nos llaman la atención vídeos que se han hecho virales por la humildad de los protagonistas, y la capacidad creativa que han tenido para resolver determinado problema o situación. En nuestra comodidad occidental y aburguesada nos falta ritmo creativo, que por suerte o por desgracia, suele gestarse mejor desde la austeridad. No por tener más dinero tu mensaje va a llamar más la atención, incluso aunque contrates a una gran agencia o profesional de la comunicación. A veces las cosas sencillas, pero creativas impactan mucho más entre el público, así que te invito a que tomes esto en cuenta. Para empezar, por ejemplo, intenta hacer la mínima inversión posible aunque tengas presupuesto de sobra. Si no lo tienes, no te quedará más remedio. Pero el objetivo es el mismo: despertar tu cerebro creativo, obligarlo a levantarse del sillón, coger un lápiz y escribir palabras con ritmo, sentido, coherencia y creatividad. Tómalo como un juego. Dale vueltas hasta que sientas satisfacción con el resultado. Eso sí, nunca esperes que sea perfecto, porque nuestra cabeza retiene imágenes y palabras que nos sirven como ejemplos y que son muy pulidas. Si estás aprendiendo lo lógico es que no llegues a tal nivel de excelencia, pero no por ello es menos válida tu idea. Lo importante es que vayas haciendo, planeando, escribiendo, creando juegos de palabras, leyendo y exprimiendo tu creatividad al máximo.

Atención del público

En el mundo digital podría traducirse en «seguidores» o una comunidad *online* alrededor de tus redes sociales o página web. En la vida real, la atención del público también supone un límite para muchas personas a la hora de comunicarse. Ambas parten de la misma base, no saber cómo captar esa atención o creer que es necesaria de forma inicial para que tu mensaje sea escuchado. Lo que es evidente es que, si partes desde cero, el alcance inicial de tus comunicaciones va a ser bajo, mientras que si ya eres una persona conocida o popular entre un grupo de personas, o en una comunidad *online*, cualquier mensaje que reproduzcas logrará llegar a más gente. Este no debería ser un límite en sí mismo para trasladar tu mensaje, y mucho menos para centrar el foco de tu acción. Está comprobado que ser una persona muy conocida o contar con un gran número de seguidores no garantiza que tu mensaje impacte de forma real en sus vidas, o que se convierta en ventas, por poner algunos ejemplos.

Vuelvo a un caso que suelo ver bastante a menudo y que afecta sobre todo a las mujeres. Se trata de la popularidad de la que gozan tanto en el *online* como en el *offline*, generalmente por su físico. Piensa en las bellas fotografías en las que muestran sus cuerpos o no, y que sirven de vehículo para captar la atención de un tipo de público, que puede estar o no alineado con su misión. Aquí tienes que practicar mucho la coherencia. No hay nada de malo en que subas a tus perfiles sociales una fotografía en bikini, por ejemplo, pero si todo tu contenido o tus aportaciones en el mundo real consisten en generar interés mediante tu físico, es poco probable que alguien conozca tus otras facetas y se interese por ellas.

Pasa también en la hipersexualización del yoga, por ejemplo, en redes sociales y fuera de ellas. Lo vemos cuando se imparte una clase al aire libre. Cómo los transeúntes se detienen a observar a un grupo de practicantes. Aunque en primera instancia pueda resultarles agradable, no son conscientes de que las personas que están sobre la esterilla están practicando posturas o asana para entrar en un cierto estado meditativo y de concentración que forma parte de su camino espiritual. Ni que decir tiene lo que ocurre con el yoga en redes sociales. Si todos los mensajes o contenidos (que son comunicaciones, al fin y al cabo) están centrados en la parte física, lo más habitual (que no por común es normal o correcto) es que atraigas a un tipo de seguidor «sexual» y no «espiritual», que es lo realmente interesante para este ejemplo concreto.

Insisto en que no es nada malo compartir este tipo de contenido, siempre y cuando esté asociado a tu mensaje, a tus valores y a tu propósito de forma consciente. Gana más credibilidad alguien que se expresa en la plenitud de su mensaje, que aquellas personas que tratan de copiar a otras que cuentan con miles de seguidores y que solo comparten una parte, la física, aunque obtenga al principio una menor atención de su público.

Con esto lo que trato de explicar es que no se trata tanto de tener un alcance y una popularidad excesivos para triunfar con nuestro mensaje, como de captar la atención de las personas correctas que conecten con él. Sé que hablo mucho de las mujeres, pero es que sobre ellas suele recaer históricamente el peso de la apariencia, por una cantidad de motivos que puedes aprender mucho mejor en libros especializados en la materia. No soy ninguna experta en este sentido, pero sí he vivido en mis propias carnes el prejuicio por mi apariencia física en cualquier actividad que desarrollo. Mi estrategia es no dar tanta importancia a llegar a más gente, sino a las personas correctas. Todos los seres humanos nos fijamos en el físico como carta inicial de presentación, pero esto pasa a un segundo plano de forma veloz en cuanto nos detenemos a curiosear qué hay detrás. Porque sí, si alguien nos llama la atención por su físico, tarde o temprano querremos conocer mejor a esa persona, querremos interactuar con ella, para saber cómo es, o cuáles son sus intereses. No esperes a que te lo pregunten. Habla sobre ello también.

Un fenómeno curioso que se da en TikTok, por ejemplo, es la gran cantidad de seguidores que tiene una persona cuyo aspecto físico no se ajusta a cánones estéticos prefijados. Esto ya nos da una pista de lo que llama la atención de su comunidad. Incluso si empezaran a seguir a esa persona por un motivo «maligno» como puede ser la burla, ahí están, día tras día, consumiendo su contenido y engrosando su comunidad *online*. Ahora fíjate bien en estos perfiles y entra en los comentarios que recibe. Encontrarás mucho de esto que te estoy hablando, pero tal vez te sorprenda descubrir la cantidad de gente que comenta de forma positiva, agradeciendo de alguna forma el contenido que crea esa persona porque se sienten identificadas, porque les entretiene, porque les hace reír. Qué don tan gigante el hacer reír a los demás, sobre todo en una época de gran incertidumbre.

La gente suele acudir a las redes sociales en busca de humor, entretenimiento, o información/educación, en ese orden. Pero es que en la vida real, con la gente de carne y hueso, pasa exactamente lo mismo. Por lo tanto, aprovecha esta tendencia a tu favor sin renunciar a tu mensaje y coherencia interna. No necesitas «hacer el ridículo» si es eso lo que piensas, bailando en TikTok. Hay otras formas de aprovechar los canales y sus tendencias sin que renuncies a tu esencia. Y créeme, hay personas dispuestas a seguirte. No moverte, no comunicar, excusándote en que no tienes una gran comunidad de seguidores, o que no eres una persona popular es perder oportunidades. Todo el mundo empieza por algo, y generar confianza y credibilidad entre las personas requiere un tiempo prudencial, algo que hemos ido olvidando con facilidad gracias a la inercia y la velocidad a las que transcurre la vida.

No pierdas el foco de tu misión en ningún momento, adapta tu mensaje a los canales y tendencias, pero sobre todo cultiva la paciencia y baja la marcha hasta donde sea sano para ti. Quienes esperan resultados a corto plazo se agotan antes de llegar a la meta. Las cosas que realmente valen la pena de la vida llevan su tiempo. Tómate ese tiempo para construir una comunidad alineada con tus valores, no te dejes llevar por la corriente, y aprende a navegar a través de la inercia. La atención de tu público llegará. Mientras tanto, disfruta del camino.

Apuntes clave

- Un buen antídoto para las inseguridades y dudas que puedan surgir a lo largo del camino es la paciencia y la confianza en los pasos previos que has dado y continúas dando con coherencia interna.
- Esperar el reconocimiento externo para actuar puede llevarte a no moverte jamás. El reconocimiento es relativo y depende de otras personas. Aunque lleves un control del resultado de tus acciones, la brújula interna es la que debe guiar tu proceder. Ese es el mayor y mejor apoyo que necesitas para avanzar.
- Tanto si cuentas con un gran presupuesto como si no, éste no es un límite real siempre que pongas el foco en la búsqueda de soluciones y no de problemas. Internet abre muchas puertas que puedes aprovechar para arrancar tu estrategia de comunicación.
- Un bombeo creativo constante te ayudará a superar otros límites como la falta de presupuesto inicial, o las dudas ante la toma de acciones. Desarrolla tus habilidades en este campo tanto como puedas.
- Además de las premisas que se abordan en otros capítulos, la atención del público es un bien que tarda en llegar si partes desde cero. No desfallezcas en la carrera por centrar tu atención demasiado en este aspecto. Limítate a seguir la ruta trazada y la atención de tu audiencia ideal llegará.

Canales

Aunque no de una manera exhaustiva, es importante al menos señalar de forma más concreta una breve síntesis de los canales a través de los cuales tu mensaje puede ser transmitido al público, destacando los siguientes:

- Medios de comunicación convencionales: prensa (incluye periódicos digitales sobre información especializada o generalista), radio, y televisión.
- Plataformas digitales: redes sociales, plataformas de *streaming*, páginas web, *newsletter*, ...
- Reuniones, conferencias, ponencias, y eventos.
- Boca a boca o comunicación interpersonal.

En los libros que estudié en la Facultad de Ciencias de la Información, estos canales estaban bien acotados y diferenciados, algo que en la actualidad queda obsoleto. Los medios de comunicación convencionales tienen presencia y hacen uso de plataformas digitales, se comunican a través de los medios convencionales, pero también imparten conferencias y eventos. Del boca a boca no se salva nadie.

Lo que quiero mostrar con esto es que no podemos ignorar ninguno de los canales, aunque no es una obligación estar y comunicarnos a través de todos ellos. Hay personas que tienen muy arraigada la creencia de que si no están en todas las redes sociales como Instagram, LinkedIn o TikTok, están o se quedarán desfasados. Esto es falso. No sirve para nada intentar abarcar todos los canales que nos ofrece la comunicación si no somos capaces de transmitir con el mismo nivel de calidad nuestro mensaje a nuestro público objetivo. Esto significa que, a lo mejor mi público no se encuentra en los medios de comunicación convencionales y sí en plataformas digitales, o viceversa. En función de si mi objetivo es generar autoridad, obtener reputación o reconocimiento, generar un mayor alcance, o lograr conversiones, mi estrategia deberá contemplar uno, varios, o la mayor cantidad de canales posible.

Como es un sistema tan complejo y entrelazado (cada vez más) aquí empieza a tener todo el sentido del mundo contratar asesoramiento profesional, invertir en cursos formativos sobre el o los canales que vamos a emplear, o incluso externalizar nuestras comunicaciones. No sin antes haber realizado todo el trabajo previo, porque como ya te expliqué, si acudes sin «nada» a este tipo de profesionales, dejas en sus manos todo el poder creativo, tu coherencia interna, y tu misión. Tarde o temprano, se acabará deformando, y eso no nos interesa.

Aunque optes por poner en manos más expertas la elaboración de notas de prensa, calendarios editoriales, edición y creatividades de tu mensaje, lo más conveniente es que te informes y te formes sobre los canales en los que tu mensaje será transmitido. Por mucho que contrates un servicio externo, eres el responsable último sobre quien recaerán los resultados de las estrategias y campañas de comunicación que decidan emprender, así que tanto el fracaso como el éxito de las mismas debe ser monitorizado por ti. Un error muy común que aprendí trabajando en una empresa de *e-commerce* y *marketing* digital es que los clientes no tenían ni idea de absolutamente nada del proceso que realizamos allí. Y tú me dirás, «para eso están». Sí y no. Entre los clientes que no tenían ni idea de cuál era su propuesta de servicio o su misión, y los que sí lo tenían claro, pero ignoraban todo lo referente al proceso creativo y estratégico del *marketing* digital, aquello era un cacao que podía terminar muy mal.

En sus manos quedaba la opción de confiar a ciegas en los resultados y casos de éxito que les presentaba la empresa, y en el peor de los escenarios incluso confiaban la creación de una identidad desde cero. No tenían ni idea ni tampoco querían aprender, y confiar en desconocidos, por mucho prestigio que tengan, no está en la naturaleza del ser humano común. Se hacían sus ideas en la cabeza, casi siempre basándose en el mejor pronóstico que la agencia les había presentado (aunque también les presentara el peor escenario, somos así) y si al cabo de unos meses no se cumplía, empezaban las tensiones, la sensación de estar tirando dinero a la basura, o incluso de sentirse estafados, cuando en realidad, tal vez no era así.

Una parte amplia de la responsabilidad de esta situación recae sobre el propio cliente, que prefiere desentenderse por completo de todo el proceso que ha externalizado. Esto no está bien, y es garantía de fracaso en un alto porcentaje de los casos. Cuando hablo de la necesidad de formarte en comunicación, *marketing* digital, o en tal o cual canal, no lo digo para que te vuelvas una persona experta en su manejo. Seguramente no tengas tiempo para encargarte de todo, y es comprensible.

Bastante tienes con tu trabajo por cuenta ajena, o por cuenta propia con la atención al cliente, facturación, producción de tus productos o servicios, etc. Pero es importante a la hora de no crearse falsas expectativas respecto al proceso que has decidido externalizar, bien sea mediante una agencia o un profesional *freelance* o independiente.

Necesitas dedicar al menos una pequeña parte de tu tiempo en conocer cómo se está haciendo el trabajo, si se está respetando la coherencia y misión de tu mensaje, si se cae en malas prácticas o en acciones comunicativas que no están alineadas contigo. Pero antes de rebatir el porqué los profesionales especializados están haciendo lo que están haciendo, necesitas manejar su lenguaje. Conocer un mínimo de las plataformas que utilizan, cómo las utilizan, cuánto tiempo invierten en ellas, y de qué manera lo hacen. No negaré que es tentador centrarse por completo en tu profesión o empresa y dejar en manos expertas los mensajes y cómo se transmiten, pero entonces ya no se trataría de una comunicación consciente.

Así que, o bien te formas como un campeón en los distintos canales y lenguajes que se emplean en cada uno de ellos para hacerte cargo de todo, algo que es plausible aunque tendrás menos tiempo para otras cosas, o bien te formas un mínimo para monitorizar el trabajo que realiza el agente externo. Si te desentiendes del proceso comunicativo y de los mensajes que emites (porque aunque lo haga otro, la cara la pones tú) estás casi apostando a ciegas. Si escoges formarte un mínimo, tanto para llevar tú esa estrategia de comunicación, como para externalizar, estarás invirtiendo. Una inversión siempre es mejor que una apuesta, ¿no crees? Además, el tiempo que inviertas en tu formación en comunicación nunca será perdido, y siempre podrás emplearlo en distintos niveles y ámbitos de tu empresa, marca personal, proyecto, o en tu vida cotidiana.

Por qué la comunicación siempre es externa (aunque sea interna)

Espera un segundo, voy a enrollarme bien en papel de plástico de burbujas. ¡Ya! Lista para recibir por todas partes con lo que te voy a contar a continuación. La comunicación, como has podido leer a lo largo de este libro, tiene muchos vértices, y puede ser catalogada de distintas formas en función del aspecto del que estemos hablando.

Una diferenciación importante que se ha hecho tradicionalmente es entre la comunicación externa y la comunicación interna.

- La comunicación externa es toda aquella que se realiza de cara al público, es decir, de puertas para afuera. Puedes contar con un equipo o ser tú la única persona implicada en el proyecto o negocio, pero a la hora de tratar la comunicación externa nos referimos a todos los mensajes emitidos hacia el exterior como notas de prensa, diálogos, contenidos en redes sociales, atención al cliente, *newsletter*, etc.
- La comunicación interna es aquella que se realiza dentro del propio proyecto o empresa, y que no trasciende al exterior. Como por ejemplo emails entre miembros del equipo, encuestas de satisfacción, entrevistas personales, reuniones, circulares, etc.

Los conceptos son bastante básicos y fáciles de entender, creo. Aquí es cuando me empiezan a llover tortas, pero estoy *ready*. Ya no existe diferencia entre comunicación externa y comunicación interna, eso es historia de la Comunicación. ¡Hala! Ya lo he dicho, y qué a gusto me he quedado. Me siento algo repetitiva con esto, pero como no me conoces de nada, sí, también voy a justificar esta afirmación tan loca.

Si quieres podemos mantener los conceptos de comunicación interna y externa para referirnos hacia dónde dirigimos de forma consciente nuestro mensaje, pero ya te digo que nadie puede controlar a estas alturas de la película cómo va a cabalgar ese mensaje una vez que lo soltemos a correr por el prado. En el pasado, los contratos de confidencialidad, que siguen existiendo, los castigos o sanciones por parte de empresas o administración pública, ponían un cierto freno a la transferencia de comunicaciones estrictamente internas hacia el exterior. Esto se respetaba en parte, porque todos conocemos a alguien que en *petit comité* ha compartido tal o cual experiencia de su trabajo, aunque sin dar nombres, por ejemplo.

En la actualidad es imposible, por mucho contrato de confidencialidad que exista de por medio, controlar el destino final de nuestro mensaje, aunque se haya emitido de forma interna. Es tan sencillo como reenviar un PDF por WhatsApp, mantener una conversación con personas del sector y de la competencia, o incluso grabar un TikTok contando las intimidades de eso que tú pensabas que se iba a quedar dentro. Por lo tanto, cuando elaboramos cualquier tipo de comunicación interna debe hacerse bajo la premisa de que siempre, siempre, siempre saldrá al exterior de alguna manera. Es decir, cuenta con que tu mensaje será externo aunque su destino sea interno. ¿Por qué es importante tener esto en cuenta? Por dos motivos: para no meter la pata, compartiendo información estratégica bajo el inocente pensamiento de que se va a quedar dentro de tu círculo de confianza; y para que aproveches esta circunstancia a tu favor.

Esto es algo que debe saber y entender cualquier persona. La información es poder, y cuanto más sepas sobre cómo se comporta la información, por qué vías se canaliza, y a quién llega, mucho más efectivo será el impacto de tu mensaje. Y sobre todo, te ahorrarás algún que otro disgusto. Las personas y marcas que mejor impactan sobre su público objetivo, e incluso se vuelven virales, dominan este arte a la perfección. Son conscientes de que tienen topos entre sus filas, y los utilizan a su favor para filtrar información que «en teoría» debería permanecer en la intimidad de la empresa, pero que al hacerse pública genera un gran revuelo mediático. A eso se le llama publicidad gratuita, y no hay nada más jugoso que generar impacto gratis, sin perder tu dignidad, coherencia, y sobre todo tu misión. Si partes de la premisa de que cualquier comunicación interna es también externa, vas ganando el juego.

Apuntes clave

- Cuenta con profesionales y agencias especializadas para externalizar tus servicios si lo necesitas, pero invierte en formarte sobre los aspectos clave para mantener una monitorización real de las comunicaciones que se emiten. Evita que tu proyecto quede solo en manos expertas, y hazte responsable de tu parte dentro del proceso.
- No necesitas estar en todos los canales, pero sí en aquellos donde se encuentre tu público objetivo.
- Siempre y cuando mantengas la calidad del mensaje, podrás ampliar a más canales. Pero desecha la idea de que por tener presencia en más cantidad de redes sociales, por ejemplo, tendrás un mayor impacto si es a costa de perder calidad. Escoge los que mejor se ajusten a tus objetivos y público, y céntrate en aportar calidad antes que cantidad.
- Tanto si elaboras mensajes para una estrategia de comunicación externa como interna, asume que ese mensaje siempre podrá salir al exterior.
- Aprovecha la premisa anterior a tu favor si te es posible, y protege así tu información estratégica.

Medios de transmisión y equipos

Podemos hablar a nivel orientativo de los medios de transmisión y los equipos a nuestro alcance para la difusión de nuestro mensaje. Aunque no entraré en profundidad, porque eso daría para otro libro completo, sí reconozco la inquietud que genera en muchas personas el no contar con los medios adecuados o suficientes para expresarse, sobre todo en el entorno digital. Al igual que pasa con los canales, en los que sí te recomiendo contar con profesionales especializados en cada campo, para trabajar con equipos como cámaras fotográficas, micrófonos, interfaces de audio, y un largo etcétera, también es recomendable o bien la formación específica, o bien la ayuda de asesores expertos según el medio de transmisión que te interese.

Aunque se trata de un manual sencillo, escrito con la intención de llegar al mayor número de personas posible, con independencia de su punto de partida o nivel de conocimientos, puede interesarte o no el desglose siguiente. En cualquier caso, nunca está de más conocer algunas puntualizaciones, desterrar algunos mitos, y trazar unas líneas básicas a tener en cuenta.

Desterrando mitos

Muchas personas (yo misma) se sorprenden ante la capacidad creativa y de calidad que se expresa sobre todo en Internet. El despliegue de creadores de contenido es vasto en cuanto a recursos y producto final, y eso puede amedrentar hasta al mayor de los expertos cuando se fija en el impacto que generan. Lo que no se ve tanto es la curva de aprendizaje por la que han pasado todas y cada una de las personas que se dedican hoy en día a la comunicación, y es que suele llevar años dominar el arte de la expresión, así como el manejo y obtención de los equipos necesarios. Es algo que me incomoda en especial. Porque soy consciente de que eso es así, pero veo que el hecho de la aparente perfección de algunas, no deja lugar a otras personas con la esperanza de poder comunicarse para hacerlo.

Cuando vemos a alguien de más o menos éxito comunicar sus mensajes de forma impecable, rara vez suelen dejar rastro de cuáles fueron sus inicios, y eso crea la ilusión de que nacieron así, con un pan bajo el brazo. Esta es la idea principal que quiero desterrar, un mito tóxico que lleva a la inacción de personas que realmente sí tienen algo que decir, sí querrían hacerlo, pero no se atreven al considerar que no estarán a la altura. Recuerda que cada persona tiene una curva de aprendizaje distinta, unos objetivos individuales, y es sobre la base de esto sobre lo que se construyen los cimientos de lo que hoy te parece ideal. Tú también puedes llegar ahí con trabajo, acción, constancia, y aprendizaje.

«Necesito lo mejor»

No, no lo necesitas. Al menos no para empezar. Las redes sociales y los medios de comunicación están llenos de publicaciones, artículos, anuncios publicitarios, y demás ejemplos que cuentan con un gran presupuesto detrás, una envidiable calidad estética y visual, pero carentes de sentido y coherencia. Así que lo más importante ya lo hemos comentado en otros capítulos, este es solo un paso más dentro de la transmisión del mensaje, pero nunca debería ser la base. Claro que llama mucho más la atención un supermicrófono, con luces de neón de fondo y una cámara profesional, pero al poco tiempo las personas tendemos a olvidar ese aspecto estético de la cuestión para centrarnos en los resultados, en lo que obtengo yo de esos mensajes. Sin la base, la voluntad de servicio y un propósito claro, el mensaje se desinfla, y pronto se pierde el interés sobre esa ilusión inicial.

Al poco tiempo de volver de Madrid tras estudiar un Máster en Comunicación Multimedia, me di cuenta de lo difícil que era conseguir que alguien te abriera las puertas de los medios. Es curioso, porque en mi propia tierra nadie, excepto una emisora de radio, quiso abrirme las puertas. Por lo tanto, me vi obligada a buscar alternativas que también puedes aplicar tú. Lo primero que hice fue analizar las salidas profesionales que tenía según mis estudios y conocimiento, y escoger cuál sería mi rumbo. Saber a dónde vas es más importante que llegar rápido. A continuación analicé con detenimiento qué habilidades y competencias ya tenía y cuáles necesitaba para dedicarme al mundillo. En mi caso opté por no cerrar ninguna puerta, así que tendría que trabajar en *marketing* digital y creación de contenidos, al tiempo que mostraba mis capacidades de escritura, para hacer entrevistas, creatividad, etc.

Por entonces trabajaba de auxiliar administrativa en una empresa que nada tenía que ver con la Comunicación, con un sueldo equiparable al trabajo que realizaba allí, por supuesto, y que por tanto no era muy alto. Aun así, tracé mi plan de acción de los pasos que quería ir dando como crear un blog, empezar a escribir en él, aplicar estrategias y herramientas de *marketing* digital, y abrir un canal de YouTube donde colgar mis entrevistas, entre otras tareas.

Eso lo puedes hacer gratis, pero si quieres diferenciarte tendrás que invertir algo más de tiempo y dinero, en ese orden. Así que la siguiente duda era el equipo y la formación. En cuanto al aprendizaje y reciclaje de habilidades busqué formaciones *online*, algunas gratuitas y otras de pago, para trabajar en mi adiestramiento continuo y en aquellas áreas en las que precisaba incrementar mi nivel de conocimientos. Invertí en un dominio web y en un servidor o *hosting*, aprendiendo así el paso a paso básico de la creación de una página web más profesional. Llevó su tiempo y no era perfecto, pero sabía que ese era el camino. No podía permitirme gastar más que unos pocos euros al mes de lo que me sobraba del sueldo (si es que me sobraba algo).

Me las arreglé para ahorrar algo e invertir en una cámara de fotos, que me sirviera para vídeo, y en unos micros *lavalier* o de solapa, para poder hacer entrevistas. Eso era todo lo que podía permitirme, y no era ni de lejos lo mejor del mercado. Con el presupuesto reducido que tenía, invertí horas y horas en hacer un barrido por tiendas *online*, en busca de lo mejor que podía comprar por aquellos euros. Solo después de una larga investigación me atreví a comprar la cámara y los dos micros, todo lo demás, como te he dicho, creatividad, formación y conocimientos, y a tirar hacia delante. ¿Tenía lo mejor? Por supuesto que no, pero era suficiente para empezar. De todo aquello resultó que en una entrevista de trabajo que tuve meses después se fijaron en ese otro trabajo que había estado realizando por las tardes cuando salía de mi verdadero puesto (el trabajo que me daba de comer), y aunque notaron carencias, les interesó más mi inquietud por expresarme, la forma en que lo hacía, y los conocimientos básicos que había adquirido por mi cuenta. Y sí, me contrataron en una agencia de *marketing* digital. Un pasito más que me acercaba a lo que había estudiado.

Aunque un título o certificación es importante para tu propio prestigio y aprendizaje, el ingenio y las ganas de seguir adquiriendo conocimiento de forma autodidacta es un valor al alza que solo aplican las personas que no tienen tiempo para sentarse a ver la televisión en el sillón cuando llegan de trabajar. No romanticemos este proceso. Yo quería sentarme en el sillón, o salir con mis amistades, o no hacer nada. Pero prioricé mis objetivos y mi plan de acción, y durante meses aprendí a manejar el equipo que me había comprado, a través de manuales y tutoriales de YouTube, al tiempo que me formaba y leía sobre los métodos a mi alcance para trasladar mis mensajes.

Conoce la jerarquía

Puestos a invertir, ya sea una inversión grande o pequeña, pero sobre todo cuando partes de un presupuesto limitado, es importante, más que el equipo, la prioridad que le das a cada aspecto formal. El mejor modo que encuentro para explicarlo es el siguiente:

- Audio. Si la calidad del sonido es mala, tu mensaje no llegará. Aunque ante una pantalla cobra protagonismo la escena y lo visual de la misma, escuchar un vídeo o declaraciones con baja calidad de sonido perturbará la experiencia hasta invitar a nuestro público a «silenciar». Puedes comprobarlo por ti misma, cuando ves algún vídeo o escuchas alguna entrevista en televisión o radio, si hay ruido, eco, interferencias, bajo volumen o aberraciones acústicas es muy difícil seguir el hilo de lo que se está contando, y toda la atención se centra en esos fallos en lugar de en el mensaje. Es por ello que si puedes invertir, priorices aquellos equipos de sonido como micrófonos o interfaces de audio, así como un software específico de edición, para que la calidad de tu audio sea lo más óptima posible, y no echar a perder tu mensaje por culpa de algo tan básico. Por lo general, toleramos imágenes de poca o baja calidad en redes sociales, por ejemplo, siempre y cuando el sonido nos diga algo y no distraiga del mensaje que se está trasladando.

- Subtítulos. Son inapelables. Aunque en un primer momento han aparecido como una moda, no lo son. Muchas plataformas e incluso redes sociales ofrecen cada vez más opciones para subtitular de forma automática tus contenidos, pero mi recomendación es que lo hagas tú. Lleva más trabajo y tiempo, pero te aseguras de que la transcripción de tu mensaje sea correcta, y que por tanto llegue de forma adecuada a tu audiencia. Seguramente estés pensando en el colectivo de personas sordas, como una forma de inclusión, y así es, pero los subtítulos son una herramienta que va más allá. Algunas personas, dependiendo de la circunstancia en la que se encuentren, no pueden escuchar el mensaje en ese momento. Yo misma tengo el teléfono en silencio de forma permanente, pero tengo la necesidad de consultar las redes sociales por trabajo. Vaya faena si empezara a sonar un *trend* de TikTok en medio de la oficina, ¿no? Otro ejemplo del que ya hemos hablado es el de madres y padres, o personas al cuidado de otras, que no quieren perturbar sus momentos de descanso o sueño, pero sí aprovechar ese ratito para estar en redes sociales. Te agradecerán que transcribas tus contenidos, con independencia de que puedan guardarlos si les llama la atención para verlos en toda su plenitud más adelante.

- Imagen fija y en movimiento. Después de invertir en un buen micrófono (no necesitas que sea el más caro, los hay a precios muy razonables con una excelente calidad de sonido), es el momento de plantear la realidad de que un cierto dominio del aspecto visual con el que poder trasladar tu mensaje es fundamental en la actualidad. Esto no significa comprar la cámara de fotos o vídeo más cara o profesional del mercado. Prácticamente con un smartphone podemos hacer auténticas virguerías si aprendemos mediante cursillos y tutoriales que puedes encontrar tanto de forma gratuita como de pago. Mi recomendación es que empieces por aquí, experimentando con lo que ya tienes y cuando quieras dar el salto a mayor calidad sopeses las diferentes opciones que te ofrecen las tiendas especializadas. Hay cámaras que están dedicadas a la fotografía, aunque con ellas puedas grabar vídeos. Otras están pensadas para la grabación de vídeo aunque permiten hacer fotografías. Hay otras que sólo están indicadas para capturar vídeos. Es importante que tengas claro el objetivo que te propones, si será la creación de vídeos cortos o largos, o pondrás en primer lugar a la fotografía frente a vídeos esporádicos, en cuyo caso te servirá con una buena cámara de fotos semiprofesional o profesional y tu propio dispositivo móvil. Hay tantas alternativas que en ocasiones resulta confuso decidirse. Te recomiendo que te tomes tu tiempo aquí, que sigas blogs, *youtuber*s o consultes a algún profesional si tienes ocasión, para que te aconseje cuál será la mejor inversión basándose en tus objetivos. Recuerda que si acudes a un punto de venta directamente, es probable que escuchen tus necesidades y te aconsejen con base en ellas, pero no siempre. Hay quien solo quiere venderte la moto. Por tanto, no dejes todo en manos del punto de venta. Infórmate bien, haz una investigación, y toma el tiempo que necesites para pensar en la inversión que vas a hacer.

Cuando decidí invertir en una cámara de fotos, lo imperante en el mundo de las redes sociales era la fotografía en aquellos momentos, y aunque no tenía dinero para comprar lo mejor, supe esperar para ahorrar y adquirir lo mejor que estaba a mi alcance dentro de mi presupuesto. No te endeudes ni creas que por tener una mejor cámara ya estará todo el trabajo hecho. Cuentan más todos los aspectos que hemos abordado anteriormente que la imagen en sí, aunque también tenga su relevancia. Como he dicho, la tecnología cada vez se vuelve más sofisticada y acorde con las necesidades de la sociedad, por lo que hay personas que hacen auténticas filigranas solo con el teléfono móvil que llevan en sus bolsillos.

- Editor de contenidos o CMS (*Content Management System*). Esto deberían saberlo todas las personas, aunque solo sea por simple curiosidad. Casi todas las páginas webs que ves en Internet tienen su propio sistema de gestión y edición de contenidos, y no hace falta tener conocimientos de programación para que les saques partido. Hay quien sostiene que los blogs o bitácoras son algo del pasado, y que incluso debes centrar todos tus esfuerzos en trasladar tu mensaje a través de las redes sociales si quieres generar un gran impacto. Esto es una verdad a medias. Nadie puede ignorar el potencial de las redes sociales a la hora de captar la atención de un público o comunidad, como tampoco puede evadir la pregunta de «¿y ahora qué?». Aquí viene el quid de la cuestión. Un mensaje llamativo puede atraer seguidores y personas interesadas en tu mensaje, pero si no cuentas con un blog o página web estás cortándoles el paso para que conozcan mucho más sobre ti.

Durante el proceso de creación del mensaje o mensajes alineados con tu propósito habrás tenido que renunciar a mucha información, por la adaptación que requiere tu contenido al canal o medio en el que se difunda. Claro, a todos nos gustaría tener una entrevista en televisión de una hora para recrearnos, pero la realidad es que si rascamos diez minutos ya podemos sentirnos afortunados. Lo mismo ocurre con un reel o vídeo corto para redes sociales. Enfocas y acotas el mensaje lo máximo posible para que impacte, capte la atención y su duración sea lo más corta posible (ya nadie parece tener tiempo para quedarse a ver tu tostón, cuando encima no saben quién eres).

Una vez que consigues tu objetivo de captar esa atención, y que ya has hecho la parte más difícil, tienes que abrir un canal adicional donde esas personas puedan saber más, conocerte, curiosear, si se quiere. Por algo resuena tu mensaje con esas personas, y por algo te están prestando atención, qué menos que ofrecerles el siguiente paso lógico, que sería una explicación detallada de cuál es tu misión y cómo puedes ayudarles con ella, o qué les aportas. Este es el auténtico momento para explayarse, escribir, hacer vídeos, y crear toda una experiencia alrededor de tu mensaje. Y lo puedes hacer a coste cero. ¿Cómo? Mediante la apertura de tu página web o blog a través de editores de contenido o CMS como Wordpress, que es de los más populares por la facilidad que tienen los usuarios sin experiencia de crear su propio sitio web. Es muy intuitivo y sus desarrollado-res están constantemente trabajando en usabilidad, *responsive design* o diseño adaptable para los distintos dispositivos, por ejemplo, conocimientos que no necesitas saber en profundidad para crear tu propio sitio web. No es la única plataforma, hay muchas otras, y para eso te recomiendo que te tomes el tiempo necesario y busques cuál se adapta mejor a ti. Si tu mensaje está bien estructurado, puedes empezar a crear tu comunidad desde aquí, con conocimientos básicos y seguir los propios tutoriales que te ofrecen las distintas plataformas.

Por tanto, te animo a que experimentes, pruebes y aprendas acerca de los editores de contenido, aunque ya tengas pensado contratar a una empresa o agencia para que desarrolle tu sitio web. Es lógico que te ofrezcan una serie de servicios, garantía y calidad que por tu cuenta es imposible de lograr, pero no olvides que ¡se dedican a eso! Eso no quita para que, tanto si cuentas con presupuesto inicial como si no, te formes un mínimo en el manejo de estas herramientas. En el futuro serán indispensables estas habilidades, y personalmente detesto quedarme atrás.

Algo que me resulta escandaloso, volviendo al tema «perso-nas que se dedican o se quieren dedicar a la escritura» es que no tienen su propio sitio web. Es cierto que muchas enfocan sus es-fuerzos en plataformas o aplicaciones dedicadas al mundo litera-rio, pero es que en ese mundillo solo están esas personas y otras como ellas, muy pocas que sean solo consumidoras o público ob-jetivo más amplio. Es un círculo cerrado en el que difícilmente podrás llegar a nuevas audiencias porque no les das la opción de que te conozcan.

También he conocido a personas que quieren empezar a escribir y se niegan a hacerlo en un blog porque «eso vale dinero» y ahí lo harían «gratis». Lo primero es que eso demuestra una falta de humildad importante. Todo el mundo empieza por algo. Y lo segundo es que nadie te conoce, por mucho que tu madre y tus tías te animen y te digan que sirves para eso. Casi nadie de tu entorno será objetivo contigo, porque te quieren, y no pueden serlo. Pero la comunicación consciente va más allá de la prepotencia, el ego, y la ganancia individual, como me he esforzado en recalcar. Entregar a los demás algo valioso y útil, bien sea en forma de herramientas, formación o entretenimiento, es la manera más segura de que presten atención a lo que queremos contarles. Y sí, por supuesto que tu escritura vale mucho, aunque estés empezando, pero de alguna forma tendrás que abrir las puertas de tu casa (figuradamente) a otras personas para que te conozcan. Para que sepan cómo hablas, cómo las haces sentir, cuál es tu estilo, cuáles son tus gustos... Todo eso se expresa mediante la escritura, y abrir la posibilidad de que cualquiera pueda conocerlo, además de ser valiente, es una estrategia inteligente.

- Redes sociales. Tema serio y peliagudo, así que vamos a empezar por repartirnos en tres grupos de personas: las que usan y creen que es importante estar en ellas, las que creen que es importante, pero no dan el paso porque no saben cómo hacerlo, y las que sencillamente detestan las redes sociales y tienen cero presencia. Las tres son respetables y comprensibles, pero hay algo más allá de esa clasificación simplista.

Te voy a contar un secreto: te guste o no, tienes presencia en Internet. Supongo que lo tienes claro, porque tanto si te presentas a una oposición, como si tienes multas de tráfico, tus datos están ahí, al alcance de quien los sepa encontrar. Otra cosa es la exposición deliberada que quieras o no tener a través de las redes sociales que, como he dicho, es respetable. Cada persona escoge sus momentos y fórmulas para dirigirse a su audiencia, pero si no estás, pierdes.

He dejado las redes sociales al final de esta jerarquía en cuanto a los medios de transmisión de mensajes por un motivo muy simple. Están al alcance de cualquiera, son fáciles de usar, y «gratis», pero sin un fundamento adecuado no sirven para gran cosa. Todo lo que se ha ido explicando son los pilares sobre los que se sustenta cualquier movimiento, contenido, o estrategia que aplicamos a nivel de redes sociales, así que antes de dar pasos a lo loco, espero que medites bien cuál será esa estrategia.

Volviendo a las elecciones personales sobre la exposición en redes sociales, algo de lo que hablo en el episodio del pódcast titulado *Haz las paces con las redes sociales*[9], son los diferentes motivos por los que muchas personas rechazan estas plataformas para comunicarse. Casi todos los hemos abordado ya entre los capítulos de «Barreras» y «Límites», pero puedes escuchar el episodio si quieres profundizar más en el tema.

---

[9]   https://open.spotify.com/show/5NKQLjTFY05s4w0eKOzcnk?si=-1562fa7c97914e27

Apuntes clave

- Que algo sea estéticamente ideal ante tus ojos no significa que no lleve muchísimas horas de trabajo y adquisición de conocimientos detrás. Destierra el mito de que con el éxito se nace. Puedes alcanzarlo reconociendo y trabajando en tu propia curva de aprendizaje, a tu ritmo.
- No necesitas lo mejor, necesitas aprender a manejar mejor lo que ya tienes. A medida que vayas desarrollando tus habilidades, será buena idea invertir de manera progresiva en aquellos equipos que te acerquen a tus objetivos.
- Es importante que conozcas la jerarquía de los equipos de transmisión, y cómo las deficiencias en unos y otros pueden afectar de forma negativa a tu mensaje. Para que tu mensaje llegue con la mayor claridad y calidad posibles, conoce la jerarquía basándose en los distintos canales de distribución.

La misión oculta de
Lo que nadie me dijo

Cuando me propuse lanzar mi propio pódcast a través de Spotify tenía dos motivos, uno intrínseco y otro extrínseco. El que hasta ahora he explicado de forma abierta, justo en el primer episodio de *Lo que nadie me dijo* es el extrínseco, y se basa en el aprendizaje vital compartiendo experiencias personales, entrevistas, y conocimientos sobre crecimiento personal y profesional de los que nunca nadie me habló, y que me habría gustado conocer antes. De ahí el título escogido.

Pero existe otra razón intrínseca que voy a expresar por primera vez en este libro, porque creo que ha llegado el momento de hacerlo, y de que sirva para definir mejor en qué consiste una misión alineada y consciente.

Ya llevaba algunos años trabajando en la misma emisora de radio local, y era consumidora de pódcast, tanto en inglés como en español, sobre todo de psicología, nutrición, desarrollo personal, y finanzas personales. Cualquier tema que me interesara me acompañó durante meses de camino al trabajo en voces que cada día se hicieron más y más familiares para mí, y que sin darme cuenta me iban enseñando cosas importantes a las que merecía la pena prestar atención.

Entonces la empresa a la que pertenece la emisora en la que trabajaba empezó a contratar a podcasters de renombre, que ya tenían su recorrido y su audiencia, por lo que era una clara apuesta por abrirse al mundo del *podcasting*. Aunque a nuestra pequeña emisora no llegó de forma explícita la orden de conocer ese mundillo emergente, supe desde el momento en que Madrid decidió implementar este tipo de radio a la carta que el paradigma estaba cambiando. ¿Y qué pasa cuando el escenario cambia? Exacto. O te adaptas o desapareces. Ya sabía redactar, tanto para digital como para la radio, locutaba, producía y editaba un programa radiofónico, incluso hacía pequeños diseños digitales y trabajaba con los contenidos de las redes sociales, pero aquello del *podcasting* se me escapaba por completo. Y no, el *podcasting* no son los episodios de radio o televisión que se vuelcan desde hace años a plataformas como iVoox. Es algo mucho más grande, una marea que en Estados Unidos y América Latina es gigantesca, y sobre la que empecé a investigar. Decir que pronto llegaría a Europa es absurdo, ya había llegado, aunque no alcanzara las cotas de monetización y otros pormenores que sí había logrado en otros países.

El caso es que en ese momento sentí la necesidad de aprender más acerca de lo que es un pódcast, cómo se elabora, a quién va dirigido, qué se necesita para hacerlo, y toda la información relativa que pudiera conseguir. Antes de lanzar mi pódcast en Spotify, estuve durante cuatro meses enteros investigando, leyendo artículos en inglés y en español acerca del tema, buscando información referente a los equipos que se necesitaban, sobre qué temas podría versar mi propio pódcast, hasta que finalmente construí una idea. Lo que más tiempo me ha llevado desde que inicié el pódcast fue ese proceso inicial, y no el de grabación de los episodios con el que continúo a día de hoy implementando mejoras.

Conocer el mercado, las tendencias, la funcionalidad, los referentes, el equipo de producción y edición, aprender a manejarlos, encontrar una buena idea... Todo eso es trabajo que no se ve, tiempo que nadie valora, pero fundamental para mi propósito: adaptarme al cambio. En lugar de apuntarme a una costosa formación para la que, sinceramente no tenía dinero, decidí hacer todo de forma autodidacta y empezar desde cero un proyecto personal en el que yo me encargara de todo. ¿Por qué? Porque esa era la única forma de aprender todos los conocimientos referentes al *podcasting* que me abrirían las mayores opciones posibles dentro de mi empresa. Ése es el motivo intrínseco. Antes de que mi empresa me lo pidiera, o sugiriera tal o cual apuesta, escuché bien hacia dónde se dirigía y decidí invertir en mí y prepararme para posibles cambios y, en definitiva, para el futuro.

Puede que las locutoras locales como yo no tuviéramos futuro ni siquiera como redactoras o productoras, frente a grandes voces y referentes que están liderando la transición hacia el mundo del *podcasting*. Pero cualquier gran referente necesita un buen equipo alrededor, necesita personas cualificadas que sepan editar, subir contenidos a plataformas dedicadas al *podcasting*, que manejen la jerga y entiendan el mundillo. Ninguna persona puede hacerlo todo sola si quiere tener éxito, así que decidí volverme una persona útil en cualquier necesidad que se presentara dentro de este nuevo formato. Si mi empresa ya contaba con personas como yo dentro de su equipo, que no solo conocían la forma de trabajar tradicional, sino que además dominaban este campo emergente, ¿por qué buscarlas fuera?

Así fue como nació *Lo que nadie me dijo*, como una apuesta personal por la inversión y la formación en mí misma, sin esperar sentada en la pecera a que alguien viniera a decirme lo que tenía que hacer para ser útil. Desarrollar la capacidad de escucha y atención a largo plazo ofrece beneficios tales como percatarse antes que otros de las oportunidades de crecimiento, y eso es algo que no se enseña en ninguna universidad o centro educativo. Es algo que, de forma consciente, tú decides hacer por ti.

Apuntes clave

- Procura que todas las decisiones que tomes dentro de tu estrategia sean una inversión para ti a futuro. Tu tiempo vale oro, así que debes ser cuidadosa en dónde, cuándo, con quiénes, y para qué lo inviertas. Y si es posible, que no sea solo por un salario a final de mes.
- No esperes a que lleguen los cambios, adelántate a ellos. Desarrolla la capacidad de observar más allá de tu entorno cercano para anticipar tendencias, corrientes, profesiones o habilidades emergentes, y no dudes ni un segundo en prepararte para nuevos escenarios.

El poder de tu voz

Este es el corazón, la misión y el propósito por el que me he propuesto escribir este libro. Porque quiero que recuerdes y que reconozcas el poder de tu voz. Y antes de que empieces con tu maremoto interno de dudas, sabotaje y desconfianza quiero que tomes una respiración profunda. Hazme caso, por favor. Inhala profundamente y exhala todo el aire. Hazlo tres veces, y a continuación repite estas dos afirmaciones conmigo:

- Sí, tengo algo importante que decirle al mundo.
- Sí, es muy importante que lo diga.

Vuelve a este apartado cada vez que dudes de ti. No es una petición, es una orden que te da una desconocida por tu propio interés.

Sí, tienes algo que decir
aunque creas que no

Hablar, conversar, dialogar, comunicar, es algo que hacemos sin querer cada día de nuestras vidas de forma natural. Es algo tan intrínseco al ser humano como respirar. Incluso las personas mudas, o sordas (que no son lo mismo), se comunican constantemente. También las personas con un voto de silencio, por ejemplo, están comunicando algo. Esto es una obviedad. Pero lo que no es tan evidente para algunas personas es la importancia que tiene lo que dicen, y cómo sus palabras impactan en su propio mundo y en el que les rodea. Imagina a una madre o un padre, o ambos, manteniendo una conversación con su hijo adolescente. Es uno de los momentos más cruciales en el desarrollo de una persona. Sus hormonas están revolucionadas, y cada experiencia o comentario que reciba generará un alto impacto en su vida como adulto. ¿Te imaginas que no compartieran consejos o pautas para actuar ante ciertas situaciones en esa conversación? ¿Te imaginas lo que causaría en un hijo o una hija en esa etapa de su vida un comentario despectivo o halagador?

Ahora piensa en una camarera de piso que soporta largas jornadas de trabajo en condiciones de total explotación. ¿Te imaginas qué pasaría si no lo denunciara? ¿Si no lo contara públicamente o a su entorno familiar? Imagina que estás pasando por un proceso de duelo, o por una depresión y no se lo cuentas a nadie. ¿Cuánto tiempo lo soportarías? Ponte en la situación de una persona que abandona todo para emprender en su sueño, ¿te imaginas lo que ocurriría si se guardara todo lo que vive durante ese proceso de transición? ¿Cuánto tiempo crees que aguantaría la presión si no se comunica con otras personas emprendedoras? La comunicación es el vehículo más importante para realizarse del que dispone una persona. Los diálogos internos y externos que establecemos nos conectan y desconectan de distintas realidades, formas de hacer, y escenarios posibles.

Aprendemos de una forma empírica, sí, pero crecemos exponencialmente como seres humanos cuando nos abrimos a escuchar las experiencias de otras personas. Es la forma que tenemos de ampliar nuestro nivel de conciencia en cualquier campo, de desarrollar nuestra sensibilidad y empatía. Si te fijas bien en los supuestos que he descrito, y en las preguntas que planteo respecto a ellos, pese a ser muy diferentes tienen un denominador común: la experiencia personal. Esa es la base de tu mensaje. Lo que tú has vivido, cómo lo has experimentado, a qué dificultades te has enfrentado, y cómo lo has superado, es lo que ofrece a los demás una verdadera oportunidad de aprender. Un mensaje auténtico y constructivo.

¿Por qué crees que tiene éxito un ama de casa de mediana edad cuando comparte sus recetas o trucos en TikTok? Porque comunica y ofrece a través de su experiencia algo útil a los demás, con vocación de servicio y pasión por lo que hace. ¿Hay algo más auténtico que eso? Habría sido más fácil ponerte el ejemplo de un *youtuber* que se dedica a hacer tutoriales de Photoshop, o una joven *tiktoker* que arrastra masas reflexionando sobre relaciones de pareja mientras se maquilla. Pero me interesa ponerte el ejemplo de ella, un ama de casa, madre, o incluso abuela, para que comprendas que la edad, tu aspecto físico, tu condición social, tu equipo de grabación o tus conocimientos técnicos acerca de los canales no suponen nada, si detrás de todo eso no hay una misión con vocación de servicio a los demás. Esa mujer, aunque ahora puede que haga campañas y gane dinero, no estaba pensando seguramente en lograr alcance, reconocimiento, o facturar cuando abrió su cuenta. Todo lo que quería era compartir su pasión con aquellas personas a las que les pudiera resultar útil. Ni más ni menos. Esa mujer es alguien genial, que está contribuyendo a materializar un mundo mejor. A todas esas personas, desde estas líneas, les dedico un fuerte aplauso y les mando un abrazo gigante. Gracias por hacernos creer en nosotras mismas y por demostrarnos que es posible.

Sí, es importante que lo digas

Como te decía antes de que empezaras con el autosabotaje (por cierto, para un poquito con eso, que te estoy hablando), las personas aprendemos de forma experiencial, viviendo nuestro propio camino y aprendiendo de él, pero también crecemos mediante la permeabilidad hacia nuestros iguales, o referentes. Cualquier persona puede ser un ejemplo para otra sin ser consciente de ello. Pero siempre somos un ejemplo de algo para alguien más. Nuestros hijos, nuestros familiares o conocidos, nuestros compañeros de trabajo, nuestra pareja, nuestros competidores, e incluso nuestros enemigos. Sobre todo estos últimos, que entregan una gran cantidad de energía para prestarnos atención.

Abro un inciso. Una vez escuché una frase que me marcó y que decía algo así como «ten cuidado a quién eliges como enemigo, porque tarde o temprano acabarás pareciéndote a él». Sinceramente, no considero que nadie sea mi enemigo, porque lo que busco siempre son puntos de encuentro, como te explicaba, pero sé que existen personas que sí consideran que tienen enemigos. A esas personas les viene genial esta frase. Si tu atención está fija en alguien porque detestas lo que hace, cómo lo hace, porque sientes envidia, simplemente porque exista, o porque en algún momento te hizo daño, le estás dando lo más valioso que se le puede entregar a alguien: tu tiempo y tu energía. Y cuando dedicas tiempo y atención a algo, solo consigues mimetizarte con ese algo.

Aprendemos por permeabilidad, ¿recuerdas? Cuando comprendí el significado de esa frase, porque no soy ninguna santa y también he sentido rencor o envidia en algún momento de mi vida, tomé la decisión de ser mucho más consciente ante esos sentimientos y emociones que iban apareciendo. Si hay algo que me perturba en esa persona tengo dos alternativas, o bien decido que lo que quiera que haya hecho en mi contra tiene que ver con sus propias taras y por tanto no merece mi atención, o bien tiene algo que yo quisiera tener y creo que no tengo. ¡Bingo! Así se transforma la envidia en admiración. Beneficio número uno: dejas de sufrir de forma innecesaria. Beneficio número dos: ahora que sabes lo que admiras de esa persona puedes trabajarlo, para aumentar tu propia autoestima. Beneficio número tres: a veces solo con ponerle nombre al «monstruo»; la envidia, el odio y el resentimiento se disipan solitos. No hay nada mal contigo, ni nada en lo que necesites mejorar respecto a ese punto concreto. ¡Pues mira qué bien! Una cosita menos en la mochila. Cierro el inciso.

Es importante que digas eso que llevas por dentro y que se muere por salir. Es tan fácil de identificar como acallar el ruido exterior (e interior) para escuchar de verdad lo que tu corazón anhela. ¿Qué es eso que te hace reflexionar? ¿Qué es lo que consideras importante decir? ¿Qué fue lo que nadie te dijo que te habría gustado saber antes? Cuando nos hacemos las preguntas correctas, y las respondemos con sinceridad, aparecen como por arte de magia las cosas que formarán el propósito de nuestro mensaje. Nuestra misión, siempre basada en nuestra experiencia.

Necesitamos referentes, ejemplos, personas que lideren desde el corazón, o que hayan vivido experiencias parecidas a las nuestras. Cuando reunimos el valor para decir lo que tenemos que decir, estamos dando permiso a otras personas para sentirse como se sienten y para ser quienes son. Estamos validando sus emociones, sentimientos y experiencias vitales, las estamos empoderando. Y lo más importante de esto, en especial en un mundo global, es que gracias a nuestro mensaje somos capaces de conectar con lo más profundo de personas que se sienten vacías, solas e incomprendidas. Una vez que alguien comprueba que no está sola luchando esa batalla, que hay otras personas que han encontrado distintas formas de encarar ciertos acontecimientos de la vida, aligeramos su carga en cierta medida, y le abrimos nuevas visiones posibles para su realidad. ¿Entiendes ahora por qué es tan importante que lo digas?

Sobre los complejos

He decidido dedicar un apartado a los complejos dentro de este capítulo por una razón muy concreta. Son determinantes a la hora de desarrollar el verdadero poder de tu voz. Necesitaba explicarte la importancia de la formación, la corrección ortográfica y gramatical, pero también es útil comprender que hay excepciones. Se me viene a la mente una de las grandes maestras del yoga, Sri Anandamayi Ma (1896, Bangladesh - 1982, India), una mujer analfabeta a la que sin embargo veneraban y acudían miles de personas, entre ellas ilustres nombres de ciencias, reconocidos docentes, personas con un desarrollo intelectual desorbitado. Pues bien, todas estas grandes personalidades, hacían cola para postrarse ante los pies de una mujer humilde, sin estudios o formación reglada, pero que poseía una gran sabiduría espiritual en su haber. Y todo ello con lo que suponía en su época ser mujer, cuyo valor era inferior al de algunos animales sagrados incluso.

No te sorprendas, la búsqueda de las respuestas a las preguntas de quiénes somos, de dónde venimos, o por qué estamos aquí, nunca se ha limitado a las ciencias empíricas. Por mucho que se haya puesto de moda practicar yoga como si de gimnasia se tratara, es en realidad un camino espiritual y trascendental al que no han dudado en recurrir a lo largo de miles de años personas consideradas como eruditas y terrenales. Estaría bien sacarnos esa creencia absurda de una vez por todas de que solo somos un cuerpo físico, compuesto por células que se organizan para hacer no sé qué en esta vida. Viviríamos de forma más consciente, saludable y natural si prestáramos más atención a lo que también somos en este campo, no apto para escépticos o ignorantes, me atrevo a decir. Porque no hay mayor ignorante que quien rechaza algo que desconoce solo porque no lo comprende, y ni se molesta en probarlo en su propia piel. Para esto también hay que ser valiente.

Pero volviendo al tema de los complejos y a nuestra época actual. Entre las personas que he conocido a lo largo de mi vida, las más sabias de todas no tuvieron oportunidad de formarse, de terminar la educación obligatoria, o similares. Su fuente de conocimiento va más allá de lo preestablecido, y es que cuando la necesidad se emplea como resorte para hurgar allí donde la vida nos dijo que no, por dinero, por falta de tiempo, por circunstancias familiares... Aparecen las personas rebeldes, autodidactas, resilientes y asertivas. Estas personas poseen una capacidad de comprensión de la vida tan alta, que con su forma de expresarse, aunque no sea formalmente correcta, logran conectar con su interlocutor. La razón es la misma que ya he apuntado. Su mensaje es verdadero, trabajado de manera consciente y aplicado con el corazón. Están diciendo la verdad porque la han experimentado y saben de su importancia. Suelen tender a ofrecer eso que la vida les negó a otras personas para que no pasen por lo mismo. Empatizan con facilidad con otros seres. Han sufrido, perdido y luchado tanto para saber lo que conocen hoy, que sienten total confianza en su mensaje. Por desgracia, a estas personas se las ha denostado históricamente por ciertas clases sociales y políticas que se consideran superiores, lo que ha generado grandes complejos en ellas. Hasta el punto de evitar escribir la lista de la compra para que su nieta o quien vea la lista no se percate de sus faltas ortográficas. Se callan ante personas que se presuponen más estudiadas por el miedo a la burla o incluso a la ofensa que puedan recibir. A esto yo lo llamo injusticia.

Cuando era más joven me comportaba de esa forma altanera e inhumana con personas que cometían faltas ortográficas en mensajes de texto, por ejemplo. Con el paso del tiempo (bendita experiencia) me di cuenta de mi error, y de mi contribución nefasta a callar esas voces que, en la mayoría de las ocasiones, tenían mucho más que decir que yo. ¡Qué tonta fui! Estas palabras se las dedico a esas personas, al igual que mis más sinceras disculpas. Me equivoqué, y muchas otras personas se equivocan a diario ninguneando voces por el simple hecho de que no cuentan con la perfección formal en su expresión. Aun cuando nadie puede alcanzar la perfección, una obviedad ante la que es fácil caer cuando crees que ya lo sabes todo.

A todas las personas que sientan complejos a la hora de expresarse de la forma que sea, les pido un favor, nunca se callen. Nunca dejen de hablar, porque todas y cada una de las voces merecen ser escuchadas, respetadas y comprendidas, con independencia de la forma en la que se expresen. Lo valioso aquí es el mensaje, su coherencia interna, y su voluntad de servicio. Todo lo demás, los canales, los medios de transmisión, incluso la ortografía y la gramática, pasan a un segundo plano cuando se trata de hablar de lo más importante para ti en esta vida.

El poder del mensaje mediante la acción consciente

Si no lo has hecho, te recomiendo que veas la serie *The playlist* (2022)[10] en la que se cuenta la historia (ficticia) de cómo surgió y creció Spotify, enfrentándose a las grandes discográficas, a las normas establecidas en la sociedad. Al cierre de 2022, Spotify se posiciona con una cuota de mercado superior al 30 % según datos de Statista[11], y no para de crecer. Ha facilitado no solo el acceso a infinidad de tipos de música y artistas en la modalidad de *streaming*, sino que ha abierto la puerta al *podcasting*, por ejemplo. Esto permite a cualquier persona con conexión a Internet escuchar sus podcasts favoritos con independencia del lugar del planeta donde se encuentren sus creadores. Por lo tanto, no tienen limitación geográfica, y me imagino que con los avances tecnológicos prácticamente ya no existirán barreras idiomáticas en poco tiempo.

Volviendo a la serie, presta mucha atención a los primeros episodios en los que el protagonista, Daniel Ek (interpretado por Edvin Endre) no soporta ciertas manías de su madre, subestimando su potencial. Sin embargo, hay algo que un hijo no

---

[10]   Miniserie de ficción estrenada en la plataforma Netflix en 2022, y en la que se narra la revolución de la industria musical que proponen un emprendedor tecnológico y sus socios.

[11]   Fuente: https://es.statista.com/temas/6670/spotify/#topicOverview

puede evitar ante una madre, y es conectar con ella de una u otra forma, en este caso, la música. Ése es el germen del mensaje consciente, esa es la misión, esa es la comunicación que nace desde el corazón. Todo lo que crece a partir de ahí es, como ves, casi imparable. Y aunque quede claro quién o quiénes fundaron finalmente la empresa (ficción o no), la palanca, la comunicación inicial, la semilla, la sembró alguien sin estudios, ni formación reglada, pero con mucho que decir ante la vida. Una madre.

Nota para comunicadores: ustedes son el altavoz

No me importa si existe o no un código deontológico parecido al que deberían estar sometidas las personas que ejercen el Periodismo. A la vista está que muchas se lo saltan a conveniencia y sale muy barato hacerlo. Si creas contenido, si te comunicas con cualquier tipo de audiencia, es preciso que reconozcas la responsabilidad inherente a lo que estás haciendo. Es un asunto mayor. La gran mayoría de personas, ya sea por elección o por imposibilidad, recurren a otras que se dedican a comunicar mensajes para trasladar los suyos propios. Tal vez porque necesitan un cierto alcance, o porque saben que cierto comunicador trasladará mejor su mensaje, o porque no disponen de tiempo... Sea como sea, las personas comunicadoras disponen de un altavoz que debe emplearse con escrupulosa responsabilidad siempre que se quiera contribuir al entendimiento y el crecimiento de la sociedad. No es opcional, con independencia del número de personas, seguidores, o público al que se dirija, si es un cura, una presentadora o conferenciante, un creador de contenidos en redes sociales, nadie está exento de esta responsabilidad moral. Me parece apropiado recordarlo.

¿Abogada o periodista?

Voy a ponerte un ejemplo práctico de cómo funciona una persona como altavoz para otras, y de cómo las palabras, su coherencia, y la confianza con la que se expresan pueden cambiar una situación cotidiana de la vida.

Cuando mi madre se hizo las pruebas para confirmar que tenía cáncer por tercera vez en su vida, yo vivía y trabajaba fuera. Al poco tiempo dejé mi trabajo y decidí permanecer con mi familia y ayudar en lo que fuera posible en el proceso. Nos turnábamos en la familia para acompañarla a consultas, papeleo y lo que hiciera falta. Un día la acompañé al Centro de Salud donde tenía que gestionar una serie de papeles, que si te soy sincera, no recuerdo ni de qué se trataban. Solo sé que por entonces ella era perfectamente autónoma, y además siempre fue una persona muy independiente, por lo que sus acompañantes estábamos ahí en calidad estrictamente de eso, por si nos necesitaba. Ella se acercó al mostrador y yo la esperé a un metro de distancia justo detrás. Creo que no hay nada peor que tratar a un paciente como si fuera inútil. Si quiere, puede y tiene ganas de arreglar sus asuntos, que lo haga. Claro está, que en ese tipo de situaciones, por muy al margen que queramos quedarnos, no podemos evitar los sentimientos de protección ante la persona a la que queremos y estamos acompañando.

Entonces me fijé en cómo transcurrió toda la escena a un metro escaso del mostrador. La administrativa que estaba al otro lado de la mampara, apenas miró a mi madre, y lo poco que habló lo hizo con la vista puesta en el teclado y la pantalla. Hoy en día dudo de si la miró en algún momento antes de hacer y decir todo lo que hizo. El caso es que empieza a sacarle papeles y a decirle que los tiene que rellenar todos, mi madre pregunta para qué son, ella le contesta que es lo que tiene que firmar sin muchas explicaciones, mi madre, con un brazo completo cubierto por una manga debido al linfedema que padecía (justo en la mano con la que escribía) insiste en que cree que hay algunos papeles que ya ha firmado, pero la persona de enfrente aún no la ha mirado. Doy por hecho que tampoco hizo nada por escucharla en ningún momento.

Entonces avancé el escaso metro que nos separaba para acercarme al mostrador. Iba bien maquillada y vestida. Al acercarme le pregunté de forma educada, pero contundente a la administrativa para qué eran los papeles, y si por favor podía revisar si algunos se habían entregado ya. Por primera vez en todo aquel eterno rato, levantó la vista. Por primera vez vio a mi madre, y la miró extrañada. Mi madre asintió para darle autorización a que yo hablara en su nombre, y le dijo que era su hija.

No pasaron ni dos minutos en los que unos cinco de los tantos papeles que le había dado a mi madre los descartamos, porque tal y como ella intentó explicar, ya estaban en el sistema. Algo que la administrativa sencillamente se limitó a no comprobar. Una vez comprobados se disculpó, y le contesté que no pasaba nada, que todos tenemos días mejores y días que andábamos más dispersos. Aquello se lo esperaba menos todavía. Le pedí un bolígrafo y comencé a rellenar con agilidad los papeles que faltaban. Mientras tanto, pude escuchar cómo la administrativa se dirigió a mi madre y le preguntó: «¿Su hija es abogada?». No pude evitar sonreír mientras miraba el papel y mi madre contestaba que no, que era periodista. Entonces levanté la cabeza y le dije a la mujer, podría ser abogada, periodista o lo que sea, pero hoy estoy aquí en calidad de acompañante, para lo que haga falta. Le entregué los papeles, le pregunté si estaba todo correcto, le di los buenos días, y nos fuimos de allí. A la salida pude ver cómo nos seguía con la mirada, sin ella misma saber muy bien lo que había pasado.

Yo sí lo sabía. No me gustó que tratara a mi madre con tal indiferencia, pero tuve la lucidez para comprender en ese mismo instante que seguramente ella también sería madre, tan cansada como la mía, agotada de aguantar quejas, malas formas, e incluso ofensas por parte de pacientes desesperados. Los centros sanitarios son grandes lugares para conocer el carácter real de las personas.

El caso es que su apatía no era contra mi madre, quien estaba visiblemente cansada hasta para hablar. Ese es el momento en el que las personas debemos poner nuestra voz al servicio de los demás, y yo tenía a dos personas delante de mí en ese momento. Fíjate bien, he dicho dos, no una. Lo fácil habría sido enfadarme y contestarle tal y como ella se dirigió a mi madre, pero eso solo habría conseguido división. Por el contrario, opté por contrarrestar su indiferencia con atención, y el cansancio de mi madre con energía. Hice el trabajo, y ambas sintieron alivio casi instantáneo. Una porque no estaba sola y alguien podía hablar por ella y dar por ella la información necesaria. La otra porque alguien le había dado los buenos días, la había tratado con amabilidad y respeto, y le dio las gracias por su trabajo al final. Parece difícil, pero es muy fácil. ¿Cómo crees que habrá tratado esa administrativa a los pacientes consecutivos? Creo que te haces una idea de que, con toda probabilidad, no solo se transformó el ánimo de dos personas aquel día. Porque si la administrativa atendió a otros pacientes después, ya lo hizo desde otra energía, no con la indiferencia con la que la encontramos nosotras al llegar.

¿Qué piensas sobre esto? Desde luego lo que pienso yo es que nunca podemos ser plenamente conscientes del impacto que podemos llegar a tener, en positivo, cuando aplicamos la empatía y la voluntad de servicio a través de los mensajes que emitimos. Jamás sabremos qué pasó con el resto de los pacientes que vinieran detrás, me bastaba con aliviar a aquellas dos mujeres ese día. Con eso ya se hizo la diferencia.

"If there is something that you feel is good, something you want to do, something that means something to you, try to do it. Because I think you can only do your best work if you're doing what you want to do and if you're doing it the way you think it should be done, and if you can be proud of what you have done, no matter what it is."

«Si hay algo que sientes que es bueno, algo que quieres hacer, y que significa algo para ti, intenta hacerlo. Porque creo que sólo puedes dar lo mejor de ti si estás haciendo lo que quieres hacer, si lo estás haciendo de la manera en que crees que debe hacerse, y si puedes estar orgulloso de lo que has hecho, no importa lo que sea». - Extracto de un discurso de Stan Lee (escritor y editor de cómics) en el que explicó el proceso de creación de Spider-Man[12].

¿Comunicación o confusión?

Las palabras siempre han sido una herramienta poderosa, tanto para quienes las emplean con responsabilidad como para quienes las utilizan de forma inmoral. Al igual que el dinero, que es una herramienta, sin sentido de la bondad o la maldad, las palabras funcionan de la misma manera según quién las emplee y para qué.

Existe una confusión imperante, cada vez más acuciada entre la población en general, acerca de qué es lo correcto a la hora de practicar la inclusión y la integración de distintas realidades mediante el lenguaje. Aunque muchas personas consideran que tal confusión nace de la cada vez más compleja estructura mediante la cual se categoriza a las personas, como por ejemplo a la hora de hablar del colectivo LGTBIQ+, no estoy del todo de acuerdo.

Nadie escapa a esta realidad, ni *influencer*s con millones de seguidores, ni presentadoras y presentadores con una legión de fieles, ni la ciudadanía en su conjunto. ¿Cómo debería dirigirme a según qué personas? ¿Alguien sentirá como una ofensa mi forma de expresarme? ¿Debería seguir los consejos lingüísticos de la clase política? ¿Debería formarme más en asuntos de inclusión social? La respuesta a esta última pregunta es un sí rotundo, lo necesitamos todas las personas. Pero ante el resto de las preguntas no puedo evitar sentir que se trata de aseveraciones que limitan al propio ser y a otros que le rodean. A nosotras mismas. Nunca me han gustado las etiquetas, pero comprendo que el cerebro humano requiere de la conceptualización y categorización para poder expresarse. Tal parece que «somos así», etiquetadores por naturaleza. Solo escribirlo ya me produce escalofríos. Porque en mi casa jamás aprendí eso de las etiquetas.

De hecho, cuando tenía como dieciocho años viví una experiencia bastante singular durante una cena de Navidad, en la que invité a venir a casa con la familia a una amiga de la universidad que estaba atravesando un mal momento. Fíjate el nivel de importancia que le doy a estos asuntos, que solo me di cuenta de que pasaba algo raro durante la cena cuando una de mis primas se me acercó para preguntarme si aquella chica era mi novia. Tardé en reaccionar varios segundos, pero mi respuesta inmediata no fue negarlo. En lugar de eso, le pregunté por qué tenía esa duda. A lo que mi prima contestó que todos en la mesa se lo estaban preguntando. Si invitaba a mi amiga con estilo punk (estilazo por cierto) a un evento tan importante como la cena de Navidad junto a mi familia, sería por un motivo trascendente tal que era mi compañera sentimental. Me eché a reír, lo juro, hasta que me confesó que había personas en la mesa que se sentían «incómodas» ante ese hecho, si es que era cierto. De verdad que no recuerdo si llegué o no a aclarar a mi prima su duda imperiosa. Lo que sí recuerdo fue ir de inmediato a hablar con mi madre. Me guste o no, mis padres pertenecen a una generación anterior, a un entorno social concreto, en el que hablar de homosexualidad, transexualidad, e incluso de personas pertenecientes al colectivo LGTBIQ+ no era ni por asomo algo bien considerado.

El respeto que siempre he mostrado hacia mi familia fue lo que me condujo a esa conversación. Me acerqué a mi madre en privado y le pregunté si ella pensaba lo mismo, y le informé de que algunos comensales así lo creían. Quería disculparme con ella y con mi padre, las únicas personas a las que debo explicaciones, si es que se las debo a alguien, si acaso habían sentido la invitación a mi amiga como una ofensa. Mi madre también se empezó a reír a carcajadas. Me dijo que era plenamente consciente del «ambiente» que se había generado en la mesa ante la presencia de mi amiga junto a mí cenando. ¿Sabes lo que me dijo? «Érica, desde que eras muy pequeña, siempre he sabido que en cualquier momento nos presentarías a una mujer o a un hombre como tu pareja. Te conozco bien, y sé que tus valores y tu forma de pensar no están cerradas a nada. Tanto tu padre como yo lo hemos sabido siempre, y nos parece bien. Tú eres así, y nunca hemos dudado de que escogerías a la mejor persona posible para estar a tu lado. Todo lo que nos importa es que seas feliz, con quien tú quieras. No tienes que disculparte, en todo caso deberían disculparse las personas que muestran sus reticencias ante una situación natural, en especial porque no deberían hacer sentir incómodas ni a mi hija ni a su amiga en mi propia casa. También sé que tu amiga es eso, tu amiga, y que no mantienen ninguna relación sentimental. Pero no pasaría nada si así fuera. Siempre lo hemos sabido, y eso está bien».

¡Toma ya! Sí, la madre que me parió. Ese es el nivel de libre pensamiento y existencia con el que me criaron a mí, por lo tanto, nunca he notado una necesidad de categorizar a nadie, ni siquiera a mí misma. Pero soy muy consciente del privilegio que he tenido, frente a personas que han sido rechazadas, maltratadas e incluso apaleadas por ser quienes son, incluso por sus propias familias. Aquí sí debo decir que tengo mucha suerte. Y cuando me di cuenta de esto, empaticé con todas las personas que no tenían esa misma suerte en sus vidas.

Tomé la decisión consciente desde entonces, aunque ya me comportaba así de forma natural, de no etiquetar a ningún ser humano. Creía que con eso bastaría, pero la realidad se ha vuelto mucho más confusa. Y no es su culpa. Si hablamos del colectivo LGTBIQ+, por ejemplo, al menos no toda la responsabilidad recae sobre sus ya maltrechos hombros de tanta historia de injusticia equiparable a la que han sufrido las mujeres.

Las palabras que construyen los mensajes que aprendemos y repetimos desde la infancia, se materializan en la realidad. Por tanto, sería injusto culpar a tal o cual colectivo de la manera en la que hablamos. Para la autora de *Sin género de duda*[13], Inés Rojas de León, hay cuatro pilares desde los que se construye la realidad mediante el lenguaje: las familias, los centros educativos y universidades, la clase política, y los medios de comunicación. Por lo tanto, si queremos hablar de forma más justa e inclusiva, deberíamos responsabilizar a estos cuatro estamentos en primera instancia. No para buscar culpables, sino para aprender y enseñar desde esas mismas bases cómo podemos comunicarnos y generar una realidad equitativa para las distintas manifestaciones que se expresan en las personas.

El día que *Sin género de duda. Diccionario expresionario* cayó en mis manos, comprendí que existía otra forma de hacer y decir, sin ofender ni excluir. Empaticé al 200 % con su mensaje,

---

[13] *Sin género de duda*. Diccionario expresionario. Rojas de León, Inés. (2021)

en el cual explica de forma clara cómo evitar el uso indiscriminado del masculino genérico, sin llegar a ciertas aberraciones lingüísticas creadas sobre todo por la clase política, y difundidas a través de los medios de comunicación de masas. Para quienes no lo sepan, los medios de comunicación y el Periodismo en sí deberían cumplir ciertas funciones básicas: informar, formar o educar, y entretener. En ese orden. Y a lo único que nos han llevado ciertos mensajes es a una tremenda confusión plagada de perversión de las palabras y el lenguaje que tienen como producto desdoblamientos innecesarios de discursos interminables, vocablos que prometen integrar, pero solo dividen a la sociedad, y a la desorientación absoluta de la ciudadanía que, agotada, acaba por tirar la toalla: «mejor no hablo», deciden.

Por favor, no te rindas. Hay otra forma de decir las cosas. Yo misma me he visto en la tesitura de entrevistar a personas de tal o cual partido político, de tal o cual colectivo, que afirman con rotundidad que su forma de expresarse es la mejor. Y vuelvo a casa pensando, «¿en serio eso es lo mejor que podemos dar a través de una de las lenguas más ricas del mundo como es el español?». Así que también me callaba, y también sentí cómo el rechazo iba creciendo silencioso pero imparable en mi interior. Para quien no tenga desarrollado el pensamiento crítico, darse cuenta y parar es complicado. Casi nadie lo hace. Rojas detectó esa desazón y propuso su método para evitar desdoblamientos, el uso indiscriminado del masculino genérico, o incluso aberraciones lingüísticas. A través de su método, sencillo, pero altamente efectivo, he vuelto a creer en la justicia social, y esto es muy fuerte. Es triste que las personas que se dirigen desde «un altar» (como ella los denomina) a la sociedad, jueguen de forma sucia con una herramienta tan poderosa como es el lenguaje.

Lo siento, como comunicadora no creo que decir «Bienvenidas, bienvenidos, y bienvenides» vaya a captar la atención de mi audiencia, vaya a ser más inclusiva, o reporte algún tipo de justicia social, que es lo que buscamos a la hora de comunicar de forma consciente. De hecho, creo que, incluso cuando no hay una mala intención o una inclinación manipulativa tras estas palabras, solo generan rechazo hacia los propios colectivos a los que se trata de proteger, visibilizar y empoderar.

Si no me crees mejor escúchala a ella, lee Sin género de duda, porque no hay nada que yo pueda decirte que Inés Rojas no haya escrito ya en su diccionario expresionario. Tan solo quiero generarte la inquietud de que cuestiones cómo se dicen las cosas, por qué, y con qué objetivo, y que saques tus propias conclusiones.

Estoy a favor de la unión, nunca de la división, y esto es algo que deberíamos plantearnos todas las personas sin distinción de nuestra profesión, estatus u ocupación.

Por cierto, y hablando de inquietudes. ¿Recuerdas cuando al principio te hice una «advertencia amistosa»? Expliqué que este libro es para «cualquier persona», y puede que hayas notado que en ocasiones me dirijo a las mujeres, otras a los hombres... Errada o no, he tratado de transmitirte de forma indirecta que no es necesario el uso indiscriminado del masculino genérico, pero sí la inclusión de referencias al femenino. ¿Por qué? Verás, esto es algo privado, y prefiero mantener en el anonimato a la persona que me lo contó, pero creo que me perdonará por decirte lo que me explicó. Se trataba de una persona sorda que aprendió a hablar leyendo, y por tanto no estaba contaminada por cierto tipo de alocuciones, afirmaciones y supuestas «realidades» que en teoría nos unen. Así que esta persona comenzó a hacerse las preguntas correctas: ¿por qué no hay mujeres en estos textos? Si no hay mujeres que protagonicen estas historias, que se hagan preguntas, que sean capaces de desempeñar tal o cual rol, ¿por qué yo veo a mujeres que sí lo hacen en la vida real?. No es justo, ¿no te parece? Y viene una persona sorda a enseñártelo muy claro, igual que a mí. Sigue el hilo, por favor, me encantará que descubras la identidad tras esta historia.

Algo personal

Comunicar de forma consciente es un acto de valentía y amor, y el segundo es el valor más alto que existe. Las palabras bien escogidas, pronunciadas con autenticidad y respeto, puestas en la boca del emisor por una misión u objetivo más alto que sí mismo, sanan, alivian, dan esperanza, abrazan el corazón. Por desgracia, eso lo descubrí a raíz de la peor experiencia que he vivido y que probablemente viviré en toda mi vida. Pero te voy a poner en situación.

En un funeral hay toda clase de personas. Las que conocían mejor a quien ha fallecido, las que llevaban mucho tiempo sin hablarse, las que están allí por mero compromiso, las que se sienten culpables por algo concreto que vivieron con ese ser que ya no está, las que simplemente sufren un inmenso dolor y vacío por su pérdida...

Ya había asistido a otros funerales antes, de seres muy queridos, pero esta vez era el de mi madre. Tras trece años batallando contra el cáncer, finalmente falleció en agosto de 2019. Siempre me empeño en intentar explicarle a la gente que no la conoció lo extraordinaria que era, y no porque fuera mi madre, sino porque lo era de verdad. Sé que piensas lo mismo, «dices eso porque es tu madre». Pues probablemente tengas razón. El caso es que durante el último año no fueron posibles demasiadas visitas a casa, su estado iba empeorando, y ella misma prefería no exponerse ante otros familiares y amigos para evitarles sufrimiento. Entonces yo me convertí en su cuidadora y guardiana, y cargué con el peso de impedir visitas en ciertos momentos a gente que lloró frente a mí, indignada por ese impedimento, culpándome porque no les dejara pasar. Me daba igual, eran sus deseos, y escribiendo hoy estas palabras solo reafirmo la importancia de las difíciles decisiones que tuvimos que tomar, en especial las de una chiquilla asustada a punto de perder a la persona que le había dado la vida.

Tras el velatorio se dio paso a la misa-funeral, como es tradición en la religión cristiana. Siempre entendí que la misión de un sacerdote, cura, o como quieras llamarlo, de cualquier religión, en aquel tipo de momentos era apaciguar en alguna medida el dolor y el sufrimiento de los vivos ante su pérdida. Con sus sermones y sus palabras, ¿para qué si no una misa-funeral? Pero un sacerdote no puede saber quién es la persona de la que se están despidiendo, probablemente ni siquiera la conoció en vida, como era el caso. ¿Calmará los corazones de los allí presentes con las herramientas de que dispone? En algunos casos, puede que sí, pero en aquel momento yo sabía que no. Miraba los rostros de las personas que decidieron acompañarnos en aquel último adiós a un ser extraordinario, cargado de luz, y era como si de pronto viera en sus caras el vacío, el arrepentimiento, el dolor, el sufrimiento, su conmoción, su rabia... Entonces el cura, justo antes de concluir, invitó a alguno de los familiares a que hablara en nombre de ella si querían dedicarle unas últimas palabras. Miré a mi padre, de quien aprendí, junto a mi madre, el arte de la oratoria de la vida, pero no podía. Su dolor era paralizante y sencillamente no podía.

El cura estaba a punto de apresurarse a clausurar el motivo que nos había reunido allí, cuando di un paso al frente para subirme a la tarima sobre la que estaba él. Su cara fue de absoluto asombro, al igual que los rostros de mis familiares, que no tenían ni idea de lo que iba a hacer. Aquello no estaba previsto, y yo estaba visiblemente afectada, como es lógico. Pero cuando comprendí que nadie hablaría si no lo hacía yo, no lo dudé. Ella tendría una despedida a la altura de su vida, como es de justicia. Tragué saliva, tomé una respiración profunda y comencé a hablar. No lo hice como comunicadora, lo hice como persona, tal y como he escrito este libro.

Pedí perdón a los presentes si se habían sentido apartados de ella durante la etapa final de su vida, pero expliqué que era su expreso deseo que conservaran su recuerdo intacto, con aquellas experiencias compartidas que hubieran vivido. Miré a todas y cada una de las personas en la sala, en busca de sus emociones. Casi podía escuchar sus pensamientos. Mi corazón, como el de mi propia madre, se inclinaba a mitigar su sufrimiento, vacío, o rabia. Les expliqué que la persona que se había marchado había aprendido mucho en vida junto a ellos, que se despidió agradecida por cada una de las almas que habían compartido su viaje. Les dije que no sufrieran, porque su transformación en el último año había sido inimaginable bajo el mantra que ambas nos repetíamos de camino al médico, o en las largas conversaciones en la playa: «Confía en el proceso».

Imploré que confiaran en el proceso tanto como lo habíamos hecho nosotras, y que buscaran consuelo en las palabras y gestos que ella les había entregado a cada uno en vida. Que centraran su corazón en agradecer su compañía durante tantos años, porque el agradecimiento fue y ha sido siempre el emblema que ha mantenido unida a mi familia. Agradecer, qué palabra tan poderosa. Imagina agradecer de forma genuina a la vida por sus enseñanzas y vicisitudes, que nos vuelven resilientes y nos recuerdan que nunca dejamos de ser aprendices. Que este es un camino corto, que hay que aprovechar y vivir de forma presente, consciente y humilde.

No salió una sola lágrima de mis ojos. Mi voz apenas se quebró. Mi confianza en lo que estaba diciendo se volvió un abrazo sincero para cada una de las personas que se encontraban allí aquel día. Ella lo habría querido así, y yo lo sabía.

A día de hoy, muchas personas se encuentran con mi padre y le comentan lo valiente que fui al hacer aquel discurso, cuando ni yo misma sabía qué palabras estaban saliendo por mi boca. No fui valiente, en realidad. ¿Sabes por qué? Porque tenía una misión más elevada que yo misma en aquellos instantes. Toda mi atención estaba fija en aliviar el sufrimiento de cada una de las personas allí presentes, de mitigar su dolor tanto como fuera posible, y sobre todo, de que la recordaran a ella tal y como fue: un ser extraordinario.

No te lleves a engaños. Cuando las personas recuerdan lo que pasó aquel día no me recuerdan a mí, la recuerdan a ella, y encadenan cada una de sus vivencias, memoria y pensamientos hacia ella. Y mientras la recuerden a ella, con menos dolor y más agradecimiento a medida que pase el tiempo, el amor ya ganó. Ella sí ganó.

Espero que...

Gracias por acompañarme en este viaje de introspección hacia el mundo de las palabras, en el que he tratado de abrir mi corazón al tuyo, para que reconozcas el poder de tu voz y lo emplees de forma consciente. Sé que tienes algo importante que decir, y también sé lo mucho que necesitas decirlo. Así que espero que desde hoy, y siempre que lo desees, cuentes con este pequeño manual de vida, escrito de persona a persona, para que nada ni nadie apague tu voz nunca más. Ni siquiera tú.

Te pido que confíes en el proceso, que te sientas libre de expresarte desde el respeto y la conciencia. Deseo que se llene de palabras amables, buenas y constructivas el vacío que puedas sentir en cualquier momento de este camino llamado «vida». Que no te dejes atar, ni te ates con cadenas a un mundo incierto y miedoso. Te invito a que no pierdas la esperanza, y a que pase lo que pase, seas siempre aprendiz y escuchante.

Ahora te toca a ti hacerte las preguntas correctas. Saber hacia dónde quieres dirigirte. Me encanta imaginar que te acompaño en ese camino, y que veré cómo cada día, más y más personas contribuyen a construir un mundo más auténtico y sincero desde el corazón.

Solo desearía tener más que compartir contigo, pero como has podido leer, te he entregado de la mejor forma que sé lo que he aprendido hasta ahora. Me sentiré agradecida si he conseguido darte aliento, esperanza, o algo bueno a través de esta lectura. Si así lo sientes, no dudes en compartir este mensaje con el mundo.

Ojalá que la próxima vez que te encuentres con un obstáculo en el camino solo sonrías, lo mires de frente, y le digas «tenemos que hablar». Lo que tienes que decirle, tú ya lo sabes. Utiliza el poder de tu voz.

Agradecimientos

Gracias a la guerrera que me dio la vida, la sabiduría, la libertad y el coraje para ser quien soy hoy: mi madre, Claudia. Espero que estés orgullosa. Gracias a mi padre, José, luchador incansable, sabio, resiliente, y un referente del que he tratado y sigo intentando aprender todo lo que puedo. Ambos siempre han creído en mí, siempre me han apoyado. Hay más en este libro de lo que estos dos seres humanos me han enseñado, que de todo lo que he aprendido en la escuela, la universidad, o en la carrera de la vida, así que gracias, mamá y papá.

Gracias a mi hermana Gisela, a mi cuñado Rubén y a la preciosa familia que han creado y unido, por ser un ejemplo para mí y dejarme formar parte de sus vidas.

Gracias, Fran, por permitirme estar a tu lado, aprender de ti y contigo, y por ser un referente al que admiro en todas las facetas de su vida. Por sostenerme cuando yo no podía, por creer en mí, por quererme tal y como soy, por ser mi compañero en las buenas y en las malas. Sin ti este libro y muchas de mis ilusiones no se habrían hecho realidad (y las que quedan).

Gracias a mi psicóloga Lidia, por acompañarme en mi proceso de sanación, y por abrirme los ojos ante mi propio valor como ser. Gracias a ella, y a todas las profesionales de la Psicología y la Medicina que me han agarrado fuerte en algún momento para que no me rindiera.

Gracias a mis abuelas, a mis abuelos, a mis tías y tíos, a mis primas y primos, y a toda mi familia, que siempre me acompañan.

Gracias a mis amistades, que me han enseñado el valor de los momentos compartidos, me han devuelto la sonrisa cuando más lo necesitaba, y me han brindado su confianza sin reservas.

Gracias a Inés Rojas por ser la referente que me habría encantado encontrar antes, pero que llegó en el momento justo para devolverme la esperanza y la ilusión por la comunicación y el poder de las palabras.

Gracias a todas y cada una de las personas que han dejado huella en mí, a las maestras y maestros que se han cruzado en mi camino, y que me han aportado valiosas enseñanzas y momentos que guardaré para siempre en mi corazón.

Gracias a ti, que estás leyendo esto, por querer hacer de este mundo algo mejor, por creer en ti cuando nadie más lo hacía, y por no rendirte jamás.

Gracias, vida, por mostrarme que sí existe otra forma de vivir, más allá del miedo. Este solo es el principio de una gran aventura, compañera. ¡Vamos con todo!

Más sobre mí

Puedes encontrar más información en www.ericacerdena.com. Puedes suscribirte a la *newsletter* para recibir en tu correo recursos, novedades, artículos, o nuevos episodios del pódcast *Lo que nadie me dijo*.

Seguimos en contacto a través de redes sociales, principalmente en Instagram y en TikTok como @ericacerdena .

También puedes suscribirte al pódcast *Lo que nadie me dijo* en Spotify, en las principales plataformas de *podcasting*, y en mi canal de YouTube (@ericacerdena), donde tendrás acceso gratuito a entrevistas y recursos adicionales.

¿Y ahora qué?

Nada me gustaría más que acrecentar el valor de lo que ya he compartido contigo en este libro. Si he cumplido con mi misión ahora tendrás más dudas que antes. Es imposible que te haga un listado de todas las fuentes, libros, recursos y materiales de los que he bebido a lo largo de tantos años para hoy saber lo que sé. Los pensamientos e ideas de autoridades en distintas materias se han diluido, mimetizado y entrelazado con los míos hasta crear mi mentalidad actual, y también mi forma de hacer. Sin embargo, sí que puedo hacerte algunas propuestas para que continúes, si quieres, por donde más te apetezca.

Si buscas libros sobre comunicación, finanzas y crecimiento personal, desarrollo profesional, espiritualidad, y un largo etcétera, te invito a que visites mi «biblioteca *online*» en **www.ericacerdena.com/favoritos**/. Ahí podrás encontrar también otra clase de materiales como los equipos técnicos que uso para grabar el pódcast, para redes sociales, y una serie de artículos que yo misma uso en mi vida cotidiana.

Antes de comprar a lo loco o gastar, recuerda trazar tu propia hoja de ruta. Es fundamental para que cualquier adquisición que hagas te aporte valor, sea exactamente lo que necesitas, y se convierta en una auténtica inversión para ti. Recuerda que el equipo es importante, pero aún lo es más la práctica, la disciplina y la entrega que muestres contigo y con tu proyecto.

Índice